杨婧 编著

人闲钱不闲，你不理财财不理你

中国华侨出版社

北京

图书在版编目 (CIP) 数据

人闲钱不闲，你不理财财不理你 / 杨婧编著 . —北京 : 中国华侨出版社 , 2018.3

ISBN 978-7-5113-7448-6

Ⅰ . ①人… Ⅱ . ①杨… Ⅲ . ①私人投资—通俗读物 Ⅳ . ① F830.59-49

中国版本图书馆 CIP 数据核字 (2018) 第 020321 号

人闲钱不闲，你不理财财不理你

编　　著：杨　婧

出 版 人：刘凤珍

责任编辑：兰　芷

封面设计：李艾红

文字编辑：李华凯

美术编辑：李丹丹

插图绘制：圣德文化

经　　销：新华书店

开　　本：880mm×1230mm　1/32　印张：8　字数：300 千字

印　　刷：北京华平博印刷有限公司

版　　次：2018 年 4 月第 1 版　2018 年 4 月第 1 次印刷

书　　号：ISBN 978-7-5113-7448-6

定　　价：32.00 元

中国华侨出版社　北京市朝阳区静安里 26 号通成达大厦 3 层　邮编：100028

法律顾问：陈鹰律师事务所

发 行 部：（010）58815874　　传　　真：（010）58815857

网　　址：www.oveaschin.com　　E-mail：oveaschin@sina.com

如果发现印装质量问题，影响阅读，请与印刷厂联系调换。

国外一项调查表明，几乎 100%的人在没有自己的投资规划的情况下，一生中损失的财产达 20%～100%。因此，作为一个现代人，如果不具备一定的理财知识，其财产损失是不可避免的。

俗话说，钱是挣出来的，不是省出来的。但是现在专业的观念是：钱是挣出来的，更是理出来的。当代投资之神沃伦·巴菲特说过："一生能够积累多少财富，并不取决于你能够赚多少钱，而取决于你如何投资理财。钱找钱胜过人找钱，要懂得让钱为你工作，而不是你为钱工作。"无论你是在求学的成长期、初入社会的青年期、成家立业期、子女成长的中年期，还是退休老年期，都需要建立健康的理财观念和掌握正确的投资理财方法。

实际生活中，几乎每个人都有一个发财梦。但为什么有时候明明际遇相同，结果却有了贫富之分？为什么大家都站在相同的起点，都拼搏了大半辈子，竟会产生如此截然不同的人生结果呢？其实，根本差异在于是否理财，尤其是理财的早晚。理财投资一定要先行。这就像两个比赛竞走的人，在起跑线前提早出发的，就可以在比赛中轻松保持领先的优势等待后面的人来追赶。所以，理财要趁早。正所谓：你不理财，财不理你；你若理财，财可生财。早一天理财，早一天受益。

本书以简洁、轻松的语言介绍了基金、股票、保险、黄金、外汇、债券、期货、储蓄等不同的理财内容，方法实用、指导性强，一看就懂、一学就会，上手就能用。

如果你正在为是否要开始理财而犹豫，那么这本书适合你：每个人都拥有潜在的能量，只是很容易被习惯所掩盖，被惰性所消磨。如果你已为人父母，那么这本书适合你：合理的教育金规划影响孩子的一生，你不应该只是父母，更应该帮助孩子成功。如果你不想在年老体衰的时候养不活自己，那么这本书适合你：即刻开始制订养老规划，相信若干年后的你，会感谢今天的自己。那时，越老越富有就不是一张口头支票，而是你舒适、富足、充满乐趣的退休生活的有力保障！

目录

人闲钱不闲
你不理财财不理你

人闲钱不闲
你不理财财不理你

第十章 家庭理财不可不知的那些事儿

人闲钱不闲
你不理财财不理你

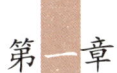

第一章

理财要趁早，你不理财财不理你

有财不理，财就离你越来越远了

许多年轻人刚刚走上工作岗位，每月都拿着固定的薪水，看着自己工资卡里的数字一天天涨起来，他们开始尽情地消费。在消费的时候他们从来不觉得花掉的是钱，总感觉是在花一种货币符号。他们似乎并不是很担心没钱的问题，认为这个月花完了，下个月再挣，面包总会有的。直到有一天他们囊中羞涩，想拿信用卡刷卡时售货员告诉他们："这张卡透支额度满了。"这时，他们才惊慌起来，开始奇怪："每个月的薪水也不少，都跑到哪儿去了？"是啊，那些钱财都跑到哪里去了呢？怎么不理你了呢？实际上，你自己都不去理财，不对你的钱财负责任，有钱的时候就挥霍，没钱了还能怨谁呢？所以如果我们想让钱财主动找我们，主动留在我们的腰包里，首先要明确一个观点：赚钱虽重要，但是理财更是不可或缺的。只会赚钱不会理财，到头来还是一个

"穷人"。你不去理财，也别想着让财来理你。

李小伟是在北京工作的一个白领，现在的月薪是5000元，除去租房的开支，每月还能剩下不到4000元，可他每到月底还是要向朋友借钱。究其原因，原来，李小伟只会努力工作，努力挣钱，以为这样自己就可以富起来，从来没有考虑过如何理财。晚上熬夜看电影、上网，第二天起不来又怕迟到扣奖金，只好打车上班。不喜欢吃公司的食堂，一到中午就出去吃快餐，平均比食堂贵出将近10元钱。而周末又是聚餐、健身、喝酒，玩得不亦乐乎。每个月都如此，他从来没有理财的概念，也正是因为这样，工作两年了，他还没有任何积蓄。钱财好像和他有仇似的，从来不曾找过他。

而同样生活在北京的叶子，每月只能挣1500元，不过与别人合租了一个郊区的平房，扣除房租400元外，还结余1100元。可是她不但不用向别人借钱过日子，每月还能剩余500元。原来，她的作息很有规律，每天也不会到外面吃饭，而是自己买菜做饭。平常为了省下坐地铁的钱，她每天都起很早赶公交，周末就待在家里看书、看电视。虽然她也爱买衣服，但都是去服装批发市场和商贩讨价还价。这样每月的消费就很少，结余就相对多了。时间长了，看见存折上的数字不断上涨，叶子的心里美滋滋的。

从上面的故事我们可以看出，很多像李小伟一样的人挣的钱虽然不少，可不会理财，花得更多，这样钱财还是离他远远的。

不注重理财、不善于理财，钱财也不会去理你，所以你就要过拮据的生活。而像叶子虽然挣得很少，可是精打细算还是会有结余。不过我们还不能说叶子就是一个理财高手，因为我们还不知道她会把结余的钱用在哪儿。

看来，想让财去理你，你就必须学会理财。要知道，理财可以改善你的生活品质。

【理财圣经】

如果我们想生活得更加富足和舒适，想让财富自己找上门来跟着我们，并对我们不离不弃，就一定要学会主动理财。如果有财不理，财会离我们越来越远。

相信自己，你也可以成为投资专家

有一种说法是：在目前非常危险的市场环境中，小投资人根本没有成功的机会，所以要么退出市场，要么求助于专业投资人。

然而事实是，在投资中，专业投资人并不像人们想象的那样聪明，业余投资人也不像人们想象的那样愚笨，只有当业余投资人一味盲目听信于专业投资人时，他们在投资上才会变得十分愚蠢。事实上，业余投资人本身有很多内在的优势，如果充分加以利用，那么他们的投资业绩会比投资专家更出色，也会超过市场的平均业绩水平。

在英格兰地区流传着一个消防员投资股票的著名故事：

在20世纪50年代，一位消防员注意到当地一家叫作Tambrands的生产女性卫生用品的工厂（后来这家公司更名为Tampax），其业务正在以极快的速度扩张。这种情况让他想到，除非是这家工厂业务非常兴旺，否则怎么也不可能如此快速地扩张。基于这样一种推理，他和家人一起投资了 2000 美元购买了一些 Tambrands 的股票，不仅如此，在随后的 5 年里他们每年又拿出 2000 美元继续购买该公司的股票，到了 1972 年，这个消防员已经变成了一位百万富翁。

不能确定这位幸运的消防员是否曾向经纪人或者其他投资专家寻求过投资建议，不过可以肯定的是有很多投资专家会对他说，他投资于 Tambrands 公司的这种逻辑推理存在缺陷，如果他明智的话就应该选择那些机构投资人正在购买的蓝筹股，或者是购买当时非常流行的电子类热门股票，令人庆幸的是这位消防员始终坚持自己的想法。

很多投资人认为自己没有专业素养，想要依靠自己在投资领域赚钱难上加难，实际上生活中有许多人不懂股票、房地产，依然能够投资致富。成功地利用理财致富者，大多不是专业投资人，专业投资人未必能够以投资致富。

投资根本就不复杂，它之所以会被认为多么深奥复杂，非得依赖专家才行，是因为投资人不知如何应付不确定的投资环境，误将简单问题复杂化，无法自己冷静地做决策，总是想听听他人的意见。

由于不懂如何面对不确定的投资环境，误以为必须具有未卜先知的能力，或是要有高深的分析判断能力才能做好投资，许多人便习惯性地把投资决策托付给专家。

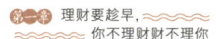

把握五字要诀变成投资专家

稳

所谓稳，要胸有成竹，对大的趋势作认真的分析，要有自己的思维方式，而非随波逐流。

准

所谓准，就是要当机立断，坚决果断。如果大势一路看好，就不要逆着大势做空，同时，看准了行情，心目中的价位就到了。

现在市场不景气，投了可能收不回，再等等。

忍

势未形成之前决不动心，免得杀进杀出造成冲动性的投资，要学会一个"忍"字。小不忍则乱大谋，忍一步，海阔天空。

狠

所谓狠就是，当方向错误时，要有勇气认赔出场。当方向对时，可考虑适量加码。

滚

在股票市场投资中，赚八分饱就走，股价下跌初期，不可留恋，要赶紧撤出。

追击！

开始跌了，要果断撤出了才行。

人闲钱不闲
你不理财财不理你

然而，如同彼得·林奇所说："5万个专业投资人也许都是错的。"如果专业投资人真的知道何时股价会开始上涨，或是哪一只股票一定可以买的话，他早就已经有钱到不必靠当分析师或专家来谋生了。因此，以专家的意见主宰你的投资决策是非常危险的，投资到头来还是要靠自己。

　　事实上，业余投资人自身有很多优势，如果充分地加以利用，那么他们的投资业绩丝毫不比投资专家逊色，诚如彼得·林奇所说："动用你3%的智力，你会比专家更出色。"依据他的观点，当你根据自己的分析判断来选股时，你本来就已经比专家做得更出色，不然的话，你把你的资金买入基金交给那些专业投资人就行了，何必费那么大劲儿？自己选股却只能得到很低的回报，这样不是自找麻烦吗？

　　一旦决定依靠自己进行投资时，你应该努力独立思考。这意味着你只根据自己的研究分析进行投资决策，而不要理会什么热门消息，不要听证券公司的股票推荐，也不要看你最喜爱的投资通讯上那些"千万不要错过的大黑马"之类的最新投资建议，这也意味着即使你听说彼得·林奇或者其他权威人士正在购买什么股票也根本不要理会。

　　为什么不要理会彼得·林奇正在购买什么股票？至少有以下两个很好的理由：

　　（1）他有可能是错的，即使他的选择是正确的，你也不可能知道什么时候他对一只股票的看法会突然改变而将其卖出。

（2）你本身已经拥有了更好的信息来源，并且这些信息就在你的身边。你之所以能够比投资权威人士获得更好的信息，是因为你能够时时追踪记录你身边的信息。如果你平时在自己工作的场所或者附近的购物中心时能够保持一半的警觉，就可以从中发现表现出众的优秀公司，而且你的发现要远远早于那些投资专家。任何一位随身携带信用卡的消费者，实际上在平时频繁的消费活动中已经对数十家公司进行了大量的基本面分析。你日常生活的环境正是你寻找"10倍股"的最佳地方。

【理财圣经】

投资理财到头来还是要靠自己，所以投资人应想办法充实投资智慧，让自己也成为专家。事实上投资并不需要太多专业知识，只要能够身体力行，不靠专家也可以致富。拥有正确的投资观，你可能比专家赚得更多。

强化理财意识，迈出理财第一步

理财是我们大多数人都应该面对的一项工程，尤其是对掌管着家庭财权的家庭主妇们来说，理财在生活中已经不知不觉地占据了很重要的位置。从最初的一无所有，到现在的略有积蓄；从解决最基本的衣食住行，到有所投资，生活、理财都需要从长计议。只有做到科学理财，你的人生之路才会顺畅而美好。

日常生活中，很多人之所以过得窘迫，很大一个原因就是没有理财的意识，而秉持"今朝有酒今朝醉"的生活理念。

你是一个这样的人吗？你拥有理财意识吗？在揭晓答案之前，你不妨问自己这样一些问题：

你是不是工资不少但经常不够用？

你是不是经常困惑于"明明比××很有钱，却为何经常向他蹭饭"？

你手头的钱还能用多久？一个月？两个月？还是只能用一周？

……

请给自己几分钟来思考吧。

如果你的钱不够用，或者经常会向朋友蹭饭过日子，或者手头的钱都不够维持一个月……那么，可以确定，你尚缺乏理财的意识，是时候对自己的理财意识进行强化了。

缺乏理财意识，你会怎样？

（1）你无法管理好自己的财产，你的财务状况一团糟。

（2）你没有记账本，也不知道钱都是怎么花的，都干什么了。

（3）你没有足够的钱来支撑自己的生活，即便你挣得很多，可每到月底还要和人借钱度日。

（4）在面对突来的严重疾病时，你的医疗费基本上靠朋友或者家人的资助。

（5）在你被老板炒了或者你炒了老板之后，你才发现手头上的钱只能支撑一两周，所以不得不又去家里或者朋友那里蹭日子。

看看上面的单子吧，那样混乱的生活是你所想要的吗？

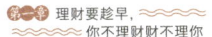

相反，如果你拥有并强化了你的理财意识，你的生活就是另一个样子了！当然，每个人都想要更好的生活，那该怎样强化自己的理财意识呢？

（1）你应当确信理财能为你带来财富，并决心努力学习理财。

（2）你应当拥有理财目标并设立理财计划。

（3）你应牢记——要拥有记录花销的家庭账本，并清晰地知道钱的来源和支出方向。

（4）你应牢记——要通过各种途径收集理财信息和成功者的理财经验，并在必要时向专业理财师求助。

（5）你应决定——除了基本的医疗保险外，为自己买一份另外的商业保险，以便在重病时能减轻自己身上的负担。

（6）你应决定——要留有积蓄，至少够你2个月的生活费，以在你失去工作时，能够支撑到你找到下份工作。

在认真思考之后，你是否认为自己应该强化一下理财意识了呢？

给自己做个彻底的清算，你该和过去的自己划清界限了，加深自己对理财的了解，重视相关的理财知识，才能让你真正开始理财的历程。

【理财圣经】

工欲善其事，必先利其器，强烈的理财意识正是你要开始理财之前必须打造的利器。

如何培养理财意识

经常阅读有关投资的报纸，是培养良好投资意识的开端。

与成功的投资人交流，有利于学习他们的投资经验。

注意研究别人投资失败的原因，吸取他人的教训来作为自己将来从事个人投资事业的经验。

留心周围的投资条件与环境，这样有利于获得成功的投资机会

制订一张完善的财富计划表

投资的具体操作很简单，通常只要在投资机构开一个户头，看到什么好的投资项目，便可通过投资机构入市，等到升值了，认为已经升到顶，便可以出货，赚取其中的差额。很多投资基金项目的投资人，甚至不必去证券所，只要相信基金公司的管理，把资金交到他们手上，付给其一定数额的管理费，他们就会把资金集合起来，做全面性的投资，你就可以赚取一定的回报。

从表面上看，投资根本不需要什么计划，但事实并非如此，没有计划的投资，一定是失败的投资。投资讲求以一个投资方针贯穿整个计划，各项投资相互联系，不能孤立起来看，必须了解每一个投资项目在这个计划当中所占的地位、所扮演的角色，这样才能明白其中的意义。

通常情况下，如果没有事先想好的计划，人们的行为会显得杂乱无章。没有一个全局的规划，根本无法做出最明智的选择和决定。此时，一张计划表的作用远远大于了它作为纸张的作用，它代表了你的方向，你的目标，甚者是你一生的财富。为了对自己的人生负责，你应对金钱的运用有所思考并做出计划。

为了能让你更好地设定自己的财富计划表，下面就为你提供一个关于其内容的模板。

计划表包括哪些内容？

（1）有理财的总目标（如要成为拥有多少资产的富翁）。

（2）将理财分为多个阶段，在各个阶段设一个中级理财目标。

（3）落实到最基础的目标。将各个阶段再仔细划分，一直落实到每天要达到一个怎样的低级理财目标。

（4）规划好每个阶段如何实现。例如都通过什么方式、途径来实现这些目标。

（5）考虑意外事件。如果遇到各种意外情况，计划应当如何

制订个人理财计划表需要注意哪些事项

要想顺利进行投资理财，最好给自己制订一个好的个人理财计划表。那么，在制订个人理财计划的时候，投资者需要注意以下问题。

像我这工薪阶层，就应该多存点备用金。

个人投资资金分配

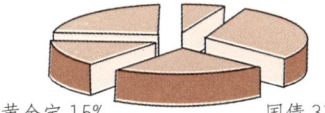

外汇理财 24%　现金资金 6%

黄金宝 15%

股票基金 24%

国债 31%

恰当评估自己的收支情况

在制订投资理财计划的时候，最好谨慎地估计自己的收入，再给自己的支出创造一个"缓冲区间"，就算有突发事件，也可以从容应对，不至于事到临头手忙脚乱。

合理分配自己的投资资金

制订个人理财计划，一定要对各项投资理财产品有所了解，并在投资过程中合理分配各种投资理财产品的比重，以做到最大限度地利用资金，实现资金的使用效率最大化。

调整，或者如何应对。

除了上面这些，能否制订成功的计划表还有一个关键性的因素，就是要"量体裁衣"，让它适合自己。每个人的人生经历不同，个人精力不同，因此各自设立的理财目标、阶段，以及各种理财途径等都不同。你要仔细考虑，想好自己各个方面的情况。

你所处的人生阶段是哪一个？刚起步？新婚？中年？老年？

家庭情况如何？成员几个？收支情况如何？身体如何，有无重病或者伤残？

自己的时间、精力如何？是否有精力管理各项投资？

理财的最终目的和目标是什么？为了生活更充足？为了满足自己的致富梦想？想成为百万富翁、千万富翁或者亿万富翁？

理财的途径和方法是什么？投资股市、基金，还是交给代理人管理？

制订一份合适的理财计划表是你对财产负责的表现。总之，想要修筑自己的财富城堡，这样的一份计划表是不能少的。

【理财圣经】

没有计划，投资就像航行在海上而没有指南针的船一样。有了计划，投资就像有了掌舵人，有了前进的方向，知道自己下一步将会怎样发展下去，还差多少达到目标，离成功还有多远，以及还需多少资源、多少努力才会成功，之后就可以按照需要逐步实现自己的目标。

明确科学的投资目标，选择合适的投资方式

人们都认同这样一个道理：投资致富就是要做到"低进高出"。但是，每个投资人的投资目标却不尽相同。

不论投资人有哪种投资目标，他们都会以自身条件为依据，确定一个具体的投资目标，以便在风险既定的前提下使收益达到最大，或者在收益既定的前提下使风险降至最低。由于市场情况异常复杂，投资人的自身条件各异，为此，投资人通常会选择一种将投资分散以减少风险、增加收益的证券投资组合来实现自己的目标。

由于每个人的背景和情况有很大的不同，致富的目标和计划也是不同的。但是，无论如何，目标必须是长期的、具体的和远大的。要有总体目标，也要有分期目标，以便分步实施。制订目标的首要问题是标准有多高，如果指标太高，长远来看，它会打击投资人的信心，甚至导致最终失败。应该说这样的计划的设计和目标的确立，都是根据个人的情况而定，越符合个人的实际，其实施的可行性就会越高。

明确科学的投资目标后，还需做的是选择合适的投资方式。

投资方式的选择应视个人情况而定，投资最终是自己的事，赚了放入自己腰包，赔了当然得自己负责，因此，投资一定要有自己的主见，不能盲目从众，以免赔了之后怨天尤人。许多投资人从众心理极强，见到别人投资赚钱了，便也跟着买进、卖出，

偶尔可能赚些小钱，但费时费力不说，动作稍微慢点，就可能被套或者割肉赔钱。

一个成功的投资人，应根据自己的实际情况选择合适的投资方式。比如说：那些喜欢刺激，把冒风险看成是生活的一个重要内容的人，可选择投资股票；拥有坚定的目标，讨厌变化无常的生活，不愿冒风险的人，可选择投资国债；对于干劲十足，相信未来必须靠自己的艰苦奋斗的人来说，选择投资房地产是一个不错的选择；对在生活中有明确的目标，信心坚定的人来说，最好选择储蓄；生活严谨，有板有眼，不期望发财，满足于现状的人，则可选择投资保险；审美能力强，对时髦的事物不感兴趣，对那些稀有而珍贵的东西则爱不释手的人，宜投资收藏。当然，还有期货、外汇等投资品种，投资人在选择时，应结合自己的专长，不可强求。有的人喜欢买国债，认为买国债保险，收益也较高；有的人喜欢做房地产，认为房地产市场套数多、空间大、有意思；还有的人喜欢收藏钱币、古董……

必须说明一点，喜欢与擅长是两码事。喜欢什么投资，或者认为什么投资好，除了选准投资对象有无投资价值外，一定要注意自己的兴趣和专长。有的人投资房地产如鱼得水，投资股票却连连亏损。

【理财圣经】

投资人首先必须认识自己、了解自己，然后再决定投资什么、如何投资。投资人只有从实际出发，脚踏实地，发挥自己的

人闲钱不闲
你不理财财不理你

专长，明确科学的投资目标，选择适合自己的投资方式，才能得到较好的回报。

掌握投资理财的十二大基本策略

在投资理财市场中，每一个人的投资理财策略虽有不同之处，但有一些是最基本的，是必须遵守的。比如：

（1）以闲余资金投资。如果投资人以家庭生活的必需费用来投资，万一亏损，就会直接影响到家庭生计。而且用一笔不该用来投资的钱来生财，心理上已处于下风，在决策时亦难以保持客观、冷静的态度，容易失误。

（2）知己知彼。投资人需要了解自己的性格，如容易冲动或情绪化倾向严重的人并不适合于股票投资，成功的投资人能够控制自己的情绪，能够有效地约束自己。

（3）切勿过量交易。要成为成功的投资人，其中一项原则是随时保持3倍以上的资金以应付价位的波动。假如你的资金不充足，应减少投资品种，否则，就可能因资金不足而被迫"斩仓"以腾出资金来，纵然后来证明眼光准确亦无济于事。

（4）正视市场、摒弃幻想。不要感情用事，过分憧憬将来和缅怀过去。一个充满希望的人是快乐的，但他并不适合做投资家，一位成功的投资人是可以分开他的感情和交易的，因为他明白市场永远是对的，错的总是自己。

成功投资：掌握安全的投资理财策略

如果我们学会利用一些安全的投资理财策略，把风险降到最低，来实现收益最大化，这就是成功投资。

策略一

每月定量存钱
每个月拿出多少钱来进行储蓄，要根据个人的实际情况来定。

策略二

高风险投资遵循80（高风险投资比例＝（80－年龄）%）法则
同时，随着个人年龄的增长，高风险的投资比例也应随之降低。

策略三

先投资再等待机会
投资理财应该趁早，有足够的时间，才能使复利发挥作用。

策略四

保障本金安全
可以适当进行分散投资，但不能太过贪婪，做到稳赚不赔就行。

（5）切勿盲目。成功的投资人不会盲目跟从别人。当人们都认为应买入时，他们会伺机卖出。当大家都处于同一投资位置，尤其是那些小投资人亦都纷纷跟进时，成功的投资人会感到危险而改变路线。

（6）拒绝他人意见。当你把握了市场的方向而有了基本的决定时，不要因别人的影响而轻易改变决定。也就是说，别人的意见只能作为参考，自己的意见才是最终的决定。

（7）当机立断。投资人失败的心理因素很多，但最常见的情形是：投资人面对损失，亦知道已不能心存侥幸时，却往往因为犹豫不决，未能当机立断，因而愈陷愈深，使损失增加。

（8）忘记过去的价位。一般说来，见过了高价之后，当市场回落时，对出现的新低价会感到相当不习惯，当时纵然各种分析显示后市将会再跌，市场投资气候十分恶劣，但有些投资人在这些新低价位水平前，非但不会把自己所持的货售出，还会觉得很"低"而有买入的冲动，结果买入后便被牢牢地套住了。因此，投资人应当"忘记过去的价位"。

（9）定好止损点。这是一项极其重要的投资技巧。由于投资市场风险很高，为了避免万一投资失误而带来的损失，每一次入市买卖时，我们都应该定下止损点，即当价格跌至某个预定的价位，还可能下跌时，就立即交易结清，控制损失的进一步扩大。

（10）重势不重价。我们买入某种投资工具的原因是因为预期它将升值，事先买入待其升值后再卖出以博取差价。这个道理很简单，但是，初入市的人往往忘了这个道理，他们不是把精力放在研究价格的未来走势上，而是把眼光盯在交易成本上，经常是寻找了一天的最低价，而错失买卖时机。正确的做法是，认准大势，迅速出击，不要被眼前的利益所迷惑，只要它还能涨，今天任何时候买，明天再看都是对的，今天的最高价也许就是明天的最低价。

（11）关键在于自律。人们对很多投资策略和投资技巧都耳熟能详，为什么还有那么多人亏损呢？因为很多人都是说得到，做不到。如果能够下决心，相信综合计算赚多亏少并非难事。

（12）发挥自己的优点。投资不是简单的机械运动，因为投资人是人，人是有思想、有感情的。人可以思考，有自己独特的个性。何况投资市场中什么样的人都有，有男有女，有老有少，有知识分子，也有纯实战派。因此，根本不存在一套统一的投资法则，最重要的是结合自身优点进行投资。

比如，有些人比较害羞，不善于交谈，不善于结交朋友，所以，他们投资便不能通过朋友或他人而获得投资的"参考消息"。但他们的优点在于心细如丝，分析精密，所以很适合静静地分析。

而有些人性格急进，做事干脆，有时显得太草率，但如果能在急进当中加入理性分析，却是一人优点。反过来，慢不一定是缺点，也可以是优点。在危急情况下当然要快，但在分析时，慢却能使头脑冷静，思维有条有理，经过深入分析之后，看中一种投资工具，下重本，等收成，有可能一次大发。

无论你的性格怎样，知识水平如何，你都具有优点。只要你能发掘这些优点，并把它用到投资上，你就有机会踏上成功之路。

【理财圣经】

做什么事情都应掌握一定的方法或策略，才更容易成功，投资理财也不例外。合理运用以上十二大策略，相信你的理财之路会非常顺畅。

时期不同，理财计划也不同

根据人生各个阶段的不同生活状况，我们如何在有效规避理财活动风险的同时，做好人生各个时期的理财计划呢？一般情况下，人生理财的过程要经历以下六个时期，这六个时期的理财重心都不一样，所以我们要区别对待。简单讲解如下：

一、单身期：参加工作到结婚前（2～5年）

这个时期没有太大的家庭负担，精力旺盛，但要为未来家庭积累资金，所以，理财的重点是要努力寻找一份高薪工作，打好基础。可拿出部分储蓄进行高风险投资，目的是学习投资理财的经验。另外，由于此时负担较轻，年轻人的保费又相对较低，可为自己买点人寿保险，减少因意外导致收入减少或负担加重。

二、家庭形成期：结婚到孩子出生前（1～5年）

这一时期是家庭消费的高峰期。虽然经济收入有所增加，生活趋于稳定，但为了提高生活质量，往往需要支付较大的家庭建

设费用，如购买一些较高档的生活用品、每月还购房贷款等。此阶段的理财重点应放在合理安排家庭建设的费用支出上，稍有积累后，可以选择一些风险比较大的理财工具，如偏股型基金及股票等，以期获得更高的回报。

三、家庭成长期：孩子出生到上大学（9～12年）

这个时期家庭的最大开支是子女教育费用和保健医疗费等。但随着子女的自理能力增强，父母可以根据经验在投资方面适当进行创业，如进行风险投资等。购买保险应偏重于教育基金、父母自身保障等。

四、子女大学教育期：孩子上大学以后（4～7年）

这一阶段子女的教育费用和生活费用猛增，对于理财已经取得成功、积累了一定财富的家庭来说，完全有能力支付，不会感到困难，因此可继续发挥理财经验，发展投资事业，创造更多财富。而那些理财不顺利、仍未富裕起来的家庭，通常负担比较繁重，应把子女教育费用和生活费用作为理财重点，确保子女顺利完成学业。一般情况下，到了这个阶段，理财仍未取得成功的家庭，就说明其缺乏致富的能力，应把希望寄托在子女身上，千万不要因急需用钱而盲目投资。

五、家庭成熟期：子女参加工作到父母退休前（约15年）

这期间，由于自己的工作能力、工作经验、经济状况都已达到了最佳状态，加上子女开始独立，家庭负担逐渐减轻，因此，最适合积累财富，理财重点应侧重于扩大投资。但在选择投资工

制订个人理财计划的技巧

没有正确的理财方向
要有一个科学系统的理财规划，并严格执行。其次，理财一定要尽早开始，长期坚持。最重要的是要愿意承担风险。

过度投资
有的人一味追求高利益，什么都想投资尝试，效果往往适得其反。过度投资会导致个人债务增大，生活压力增加，从而得不偿失。

单一投资
一些人听到预计高收益率的产品，便一哄而上争相购买，却没有关注它的风险。他们往往会将资金投向单一的投资领域，一旦发生投资风险，财务危机随之产生。

具时，不宜过多选择风险投资的方式。此外，还要存储一笔养老金，并且这笔钱是雷打不动的。保险是比较稳健和安全的投资工具之一，虽然回报偏低，但作为强制性储蓄，有利于累积养老金和资产保全，是比较好的选择。

六、退休以后

退休以后应以安度晚年为目的，投资和花费通常都比较保守，身体和精神健康最重要。在这时期最好不要进行新的投资，尤其不能再进行风险投资。

任何时期的理财都是会有风险的，所以，我们在进行投资理财前，有必要先盘算一下自己承担风险的能力，再去制订自己的理财计划。因为任何人在承受风险时都有一定的限度，超过了这个限度，风险就会变成负担或压力，可能就会对我们的心理、健康、工作甚至家庭生活造成很大的伤害。为了自己和家人的健康，我们都有必要做好每个阶段的理财计划，这是非常重要的事情。

【理财圣经】

每隔一个月就调整一下理财计划，这样就能够保证自己的理财计划与时俱进，不脱离自己的实际生活而成为一张废纸。

第二章

有空没空养只"基"：让专家为你打理钱财

基金理财四大好处

与股票、债券、定期存款、外汇等理财工具一样，投资基金也为投资者提供了一种投资渠道。那么，与其他的投资工具相比，投资基金具有哪些好处呢？

具体来说，投资基金的好处体现在几大方面：

一、稳定的投资回报

举个例子，在 1965 年到 2005 年的 41 年的时间里，巴菲特管理的基金资产年平均增长率为 21.5%。当然，对于很多熟悉股市的投资人而言，一年 21.5% 的收益率可能并不是高不可攀。但问题的关键是，在长达 41 年的周期里能够持续取得 21.5% 的投资回报。按照复利计算，如果最初有 1 万元的投资，在持续 41 年获取 21.5% 的回报之后，拥有的财富总额将达到约 2935 万元。

二、基金具有专业理财的强大优势

有统计数据显示，在过去的十几年时间里，个人投资人赚钱的比例占有不到10％，而90％以上的散户投资都是亏损的。正

基金投资需要注意的风险

基金价格波动图

价格波动风险

基金购买人会面临基金价格变动的风险。如果基金价格下降到买入成本之下，在不考虑分红因素影响的情况下，持有该基金份额的人就会亏损。

流动性风险

1. 对于封闭式基金的购买者来说，当要卖出基金的时候，可能会面临在一定的价格下卖不出去而要降价卖出的风险。

2. 对于开放式基金的持有人来说，如果遇到巨额赎回，基金管理人可能会延迟支付赎回款项，影响持有人的资金安排。

这就是基金的流动性风险

为什么我想卖出基金却卖不出呢？

但是，总的来说，购买基金的风险比直接购买股票的风险要小，主要是由于基金是分散投资，不会出现受单只股票价格巨幅波动而遭受很大损失的情况。

是在这种背景下，基金的专业理财优势逐步得到市场的认可。将募集的资金以信托方式交给专业机构进行投资运作，既是证券投资基金的一个重要特点，也是它的一个重要功能。

基金是由专业机构运作的。在证券投资基金中，基金管理人是专门从事基金资金管理运作的组织。在基金管理人中，专业理财包括这样一些内容：证券市场中的各类证券信息由专业人员进行收集、分析和追踪，各种证券组合方案由专业人员进行研究、模拟和调整，投资风险及分散风险的措施由专业人员进行计算、测试、模拟和追踪，投资运作中需要的各种技术（包括操作软件）由专业人员管理、配置、开发和协调，基金资金调度和运用由专业人员管理和监控，市场操作由专业人员盯盘、下达指令和操盘。在这种专业管理运作中，证券投资的费用明显小于由各个投资人分别投资所形成的总费用。因此，在同等条件下，证券投资的投资成本较低而投资收益较高。

三、基金具有组合投资与风险分散的优势

根据投资专家的经验，要在投资中做到起码的分散风险，通常要持有 10 只左右的股票。然而，中小投资人通常没有时间和财力去投资 10 只以上的股票。如果投资人把所有资金都投资于一家公司的股票，一旦这家公司破产，投资人便可能尽失其所有。而证券投资基金通过汇集众多中小投资人的小额资金，形成雄厚的资金实力，可以同时把投资人的资金分散投资于各种股票，使某些股票跌价造成的损失可以用其他股票涨价的赢利来弥

补，分散了投资风险。

四、在生活质量的提升和财富的增长之间形成良性循环

在海外，往往越富裕的群体投资基金的比例越高，而且持有期限越长，甚至是一些商场高手或颇具投资手段的大企业领导人也持有大量的基金资产。在他们看来，自己并不是没有管理财富的能力，但相比之下，他们更愿意享受专业分工的好处，把财富交给基金公司这样的专业机构管理虽然要支付一定的费用，但却可以取得一定程度超越市场平均水平的回报。更重要的是，他们获得了更多的时间去享受生活，这种生活质量的提高又会提升他们本职工作的效率，增加自己的收入，最终在生活质量的提升和财富的增长之间形成了一种良性的循环。

相比之下，中国的富裕群体要辛苦得多。一些人首先是对类似基金的理财工具不信任，凡是涉及钱的事情都要亲自打理。不只是富裕群体如此，普通收入群体也是如此。

也许，真正到位的理财服务，不应该仅仅着眼于客户财富数量的增长，客户生活质量的全面提高可能才是真正的终极目标，而金融机构的价值也将在这一过程中得到更好的体现。

【理财圣经】

基金是一种以投资时间的长度换取低风险高收益的品种，是一种少劳而多得的投资品种。它能在获得财富、承受风险、投入时间之间取得很好的平衡，让投资人在享受物质财富增长的同时，拥有一份安心而悠闲的生活。

人闲钱不闲
你不理财财不理你

基金种类知多少

刚开始投资基金的新基民，往往一看到各种基金宣传单，以及报纸上各种基金介绍和分类，就脑子发昏，没了方向。即使有某些评级机构做的评级作参考，也不太明白自己应该买哪一个品种里的哪一只基金为好。

其实，选择基金的第一步，就是了解基金的种类，然后才谈得上选择适合自己的一只或多只基金，构建自己的基金投资组合。基金有很多种，根据不同标准可将投资基金划分为不同的种类。投资人可以依照自己的风险属性自由选择。在此，我们详细为大家介绍一下基金的种类。

（1）根据基金单位是否可增加或赎回，投资基金可分为开放式基金和封闭式基金。开放式基金是指基金设立后，投资人可以随时申购或赎回基金单位，基金规模不固定的投资基金；封闭式基金是指基金规模在发行前已确定，在发行完毕后的规定期限内，基金规模固定不变的投资基金。

（2）根据组织形态的不同，投资基金可分为公司型投资基金和契约型投资基金。公司型投资基金是具有共同投资目标的投资人组成以赢利为目的的股份制投资公司，并将资产投资于特定对象的投资基金；契约型投资基金也称信托型投资基金，是指基金发起人依据其与基金管理人、基金托管人订立的基金契约、发行基金单位而组建的投资基金。

（3）根据投资风险与收益的不同，投资基金可分为成长型投资基金、收入型投资基金和平衡型投资基金。成长型投资基金是指把追求资本的长期成长作为其投资目的的投资基金；收入型基金是指以能为投资人带来高水平的当期收入为目的的投资基金；平衡型投资基金是指以支付当期收入和追求资本的长期成长为目的的投资基金。

（4）根据投资对象的不同，投资基金可分为股票基金、债券基金、货币市场基金、期货基金、期权基金、指数基金和认股权证基金等。股票基金是指以股票为投资对象的投资基金；债券基金是指以债券为投资对象的投资基金；货币市场基金是指以国库券、大额银行可转让存单、商业票据、公司债券等货币市场短期有价证券为投资对象的投资基金；期货基金是指以各类期货品种为主要投资对象的投资基金；期权基金是指以能分配股利的股票期权为投资对象的投资基金；指数基金是指以某种证券市场的价格指数为投资对象的投资基金；认股权证基金是指以认股权证为投资对象的投资基金。

（5）根据投资货币种类，投资基金可分为美元基金、日元基金和欧元基金等。美元基金是指投资于美元市场的投资基金；日元基金是指投资于日元市场的投资基金；欧元基金是指投资于欧元市场的投资基金。

此外，根据资本来源和运用地域的不同，投资基金可分为国际基金、海外基金、国内基金、国家基金和区域基金等。国际基金是指资本来源于国内，并投资于国外市场的投资基金；海外基金也称离岸基金，是指资本来源于国外，并投资于国外市场的投资基金；国内基金是指资本来源于国内，并投资于国内市场的投资基金；国家基金是指资本来源于国外，并投资于某一特定国家的投资基金；区域基金是指投资于某个特定地区的投资基金。

【理财圣经】

不同类型的基金，风险和收益水平各有不同，其交易方式也有差别。买基金前，投资人首先就要弄明白自己要买什么类型的基金。

买基金前先问自己三个问题

基金是专业性较强的投资理财工具，"知己知彼，百战不殆"，作为投资人，对有些问题在投资基金之前就应心中有数。

建议投资者在购买基金前不妨先问自己三个问题：

我有房产吗？

我有余钱投资吗？

我有赚钱能力吗？

一般来说，个人资产在确保应急和养老安身之后，剩下来暂时无需动用的"闲钱"不妨用来投资基金。

能承受多大的风险损失，投资期限和预期收益是多少，这些都需要了然于心。只有根据自身实际情况作出选择，才能减少投资的盲目性。

一、我有房产吗

可能会有人说:"买一套房子,那可是一笔大买卖啊!"但是在你确实打算要进行任何投资之前,你应该首先考虑购置房产,因为买房子是一项所有人都能够做得相当不错的投资。

实践证明,有些人在买卖自己的房屋时表现得像个天才,在投资基金时却表现得像个蠢才。这种情况并不让人感到意外,因为房主可以完全按照自己的意愿买卖房屋,你只要先支付 20% 或更少的首期房款就可以拥有自己的房屋,这样利用财务杠杆给你增添了很大的经济实力。每一次当你购买的基金价格下跌时,你就必须在账户上存入更多的现金,但是在买房子时就不会发生这种事情。尽管房屋的市价下跌了,你也从来不用向银行提供更多的现金,即使是房子坐落在由于石油开采造成下陷的地块内。房产代理人从来不会半夜打电话通知你:"你必须在明天上午 11 点之前送来两万美元,否则你的两间卧室就必须低价拍卖掉。"而购买基金的投资人却经常会碰到被迫赎回基金以补充保证金的情况,这是购买房屋的另外一个非常大的好处。

房地产跟基金一样,长期持有一段时间的赚钱可能性最大。人们买卖基金要比头卖房屋便捷得多,卖掉一套房子时要用一辆大货车来搬家,而赎回一只基金只需打一个电话就可以搞定。

二、我有余钱投资吗

这是投资人在投资之前应该问自己的第二个问题。如果手中

人闲钱不闲
你不理财财不理你

有不急用的闲钱，为实现资金的增值或是准备应付将来的支出，都可以委托基金管理公司的专家来理财，既分享证券市场带来的收益机会，又避免过高的风险和直接投资带来的烦恼，达到轻松投资、事半功倍的效果。

但是以下情况，你最好不要涉足基金市场：

如果你在两三年之内不得不为孩子支付大学学费，那么就不应该把这笔钱用来投资基金。如果你的儿子现在正在上高三，有机会进入清华大学，但是你几乎无力承担这笔学费，所以你很想投资一些稳健的基金来多赚一些钱。在这种情况下，你即使是购买稳健型基金也太过于冒险而不应考虑。稳健型基金也可能会在三年甚至五年的时间里一直下跌或者一动也不动，因此如果碰上市场像踩了一块香蕉皮一样突然大跌时，你的儿子就没钱上大学了。

三、我有赚钱能力吗

如果你是一位需要靠固定收入来维持生活的老人，或者是一个不想工作只想依靠家庭遗产产生的固定收益来维持生活的年轻人，自己没有足够的赚钱能力，你最好还是远离投资市场。有很多种复杂的公式可以计算出应该将个人财产的多大比例投入投资市场，不过这里有一个非常简单的公式：在投资市场的投资资金只能限于你能承受得起的损失数量，即使这笔损失真的发生了，在可以预见的将来也不会对你的日常生活产生任何影响。

【理财圣经】

不切实际地谈论自己有多么勇敢的人，最终很可能落得饥寒交迫的下场。投资人在购买基金之前最好不要忘记会有亏老本的风险，所以问问自己能够承担多大额度的亏损，能够承受亏损的时间有多久是十分必要的。

购买基金的三大渠道

现实中，出于对银行的信任，很大一部分的基金投资者都是通过银行购买基金的。其实，除了银行，还有证券公司、基金公司直销中心等渠道。不同的渠道，便利性、费用、提供的服务都有较大的区别，投资者可以根据自己的需要通过不同的渠道进行购买。

一、通过银行柜台和网上银行购买

银行是最传统的代销渠道，通常基金公司会将该只基金的托管行作为主代销行，你只需到该银行开户即可购买。

很多投资人比较喜欢到银行去购买基金，因为银行有着良好的信誉以及众多的网点，让人觉得安全放心而且便利。随着银行逐渐改善其服务质量，投资人也能得到比以前更好的服务。

但不要忽视银行代销也有一些不足之处。其代销的基金品种往往有限，各家银行代销的品种也不同，有时一家银行都不会代销一家基金公司旗下的所有基金，如果投资人要买多种基金不得不往返于几家银行，而且如果一家银行不能代销某家基金公司的所有基金，投资人将来要做这家基金公司的基金转换业务也会

辨别基金优劣的三种方法

听说这家基金客户关系维护得不好。

要看基金客户关系的管理

对于那些客户关系名声不好的基金，我们要选择回避。

要评估基金本身的风险

避免购买高风险的基金。在买入基金之前评估一下基金本身的风险。

低价基金也可以买。

通过基金费用比率辨别

我们投资于低收费的基金可以提高投资的成功率。那些最便宜的基金的表现也有可能超越相同类别的处于费用最高位置的基金。

有麻烦。所以投资人在银行申购基金，需要事前了解好这方面的情况，以免将来被动。通过银行申购一般不能得到申购费打折优惠，这或许就是银行方便所带来的代价吧。

特别突出的是网上购买方式。网上购买基金除了费率优惠之外，还省去了你跑银行的时间，更不用排队等候。只要在电脑前轻轻点击，交易轻松完成，这是目前最流行的交易方式。有些投资人，尤其是年纪较大的投资人对网上银行的安全性表示怀疑，其实这大可不必。现在网上银行设置了完备的安全认证系统，比如，中国工商银行预先设立了预留验证信息及口令卡，浦发银行采用的是手机即时密码，这些都有效地保护了我们的资金安全。当然，如果投资人还不放心，便可以使用 U 盾等数字证书系统。

二、通过证券公司买基金

证券公司也是一个传统的基金代销渠道。

证券公司，尤其是大型证券公司一般代销的基金比较齐全，而且一般支持网上交易，这是它的巨大优势。对于投资人来说，跑一趟就能解决所有问题，而且将来做基金转换等业务也比较顺畅，而且在证券公司申购基金能够得到打折的优惠。

证券公司渠道对于既是股民又是基民的投资人来说更方便些。他们不需要再开立资金账户，可以用原有的资金账户统一管理自己的股票资产和基金资产，方便、灵活地进行理财，更加灵活、合理地配置资产，防范风险。

三、通过基金公司直销中心购买

基金公司直销分为两种：柜台直销和网上直销。柜台直销一般服务高端客户，所以有专业人员提供咨询服务和跟踪服务，而且可以享受打折优惠。网上直销对于广大中小投资人是个便利的渠道，投资人只要办理了银行卡就可以采用这个渠道买卖基金。

由于基金公司在网上进行直销，大大节省了中间环节和费用，所以它们会将节约下来的费用给投资人，很多基金公司的网上直销费率可以打4折，这显然是个优势。而且它不受地点的限制，就是在外地都可以进行操作。它没有时间限制，24小时都可以提供服务。由于它节省了代销的环节，所以相比通过银行和证券公司代销机构操作，赎回基金后资金能够更快到账。

基金公司直销也有其不足之处，例如，一家基金公司认可一种银行卡，如果投资于多家基金公司的基金就需要办理多张银行卡，这比银行和证券公司渠道要麻烦。不过现在兴业银行的银行卡受到比较多的基金公司的认可，在一定程度上解决了这个问题。但是，由于在一家基金公司开户只能购买该公司的基金，不能购买其他公司的基金，所以要多买几家的基金，就要在多家基金公司开户。对于银行与基金公司之间的转账，银行会收取费用。对于收取标准，基金公司会有明示。

【理财圣经】

现在基金的销售渠道越来越多，而每个渠道都有自身的优点和不足，大家完全可以根据个人的情况进行选择。

六招帮你找到最好的"基"

基金投资最重要的一项就是挑选到一只最会"下蛋"的"基"。可是，市场上有几十家基金公司，上百只基金产品，投资人如何从中选择呢？下面就给投资人提供一套行之有效的选"基"法。

一、通过基金投资目标选择基金

投资人在决定选择哪家基金公司进行投资时，首先要了解的就是该基金公司的投资目标。基金的投资目标各种各样，有的追求低风险长期收益；有的追求高风险高收益；有的追求兼顾资本增值和稳定收益。基金的投资目标不同决定了基金的类型，不同类型的基金在资产配置决策到资产品种选择和资产权重上面都有很大区别。因此，基金投资目标非常重要，它决定了一个基金公司的全部投资战略和策略。

二、从资产配置看基金的获利能力

资产配置就是将所要投资的资金在各大类资产中进行分配，是投资过程中最重要的环节之一，也是决定基金能否获利的关键因素。随着基金投资领域的不断扩大，从单一资产扩展到多资产类型，从国内市场扩展到国际市场，资产配置的重要作用和意义日益凸显出来。目前国际金融市场上，可投资的种类越来越多，传统的投资种类大概为股票、债券两类。现在随着衍生金融商品的产生，投资变得越来越丰富多彩，加上全球经济一体化的加强，投资领域从国内扩大到国际市场，全球经济市场为改善投资收益与管理风格提供了客观机会，但也带来了挑战。

资产配置是基金管理公司在进行投资时首先碰到的问题。投资人可以通过基金公司大体的资产配置，了解一下该基金管理公司投资于哪些种类的资产（如股票、债券、外汇等），基金投资于各大类的资金比例如何。基金管理公司在进行资产配置时一般分为以下几个步骤：将资产分成几大类；预测各大类资产的未来收益；根据投资人的偏好选择各大资产的组合；在每一大类中选择最优的单价资产组合。前三步属于资产配置。资产配置对于基金收益影响很大，有些基金 90% 以上的收益决定于其资产配置。

三、通过基金的投资组合来把握风险指数

一个基金公司的投资组合的成败关系到基金公司收益的大局问题，如果该公司的投资组合没有最大限度地分散风险，就会给投资人的收益带来重大影响。

投资组合理论认为，选择相关性小，甚至是负相关的证券进行组合投资，这样会降低整个组合的风险（波动性）。从实务角度而言，通过投资于不同的基金品种，可以实现整体的理财规划。例如，货币市场基金／债券基金流动性较高，收益低但较为稳定，可以作为现金替代品进行管理；股票型基金风险／收益程度较高，可以根据资产管理的周期和风险承受能力进行选择性投资，以保证组合的较高收益；而配置型基金则兼具灵活配置、股债兼得的特点，风险稍低，收益相对稳定。可以利用不同的基金品种进行组合，一方面分散风险，另一方面可以合理地进行资金管理。

判断基金好坏要立足 3 个标准

基金公司的排名要高

基金公司的排名其实就是实力和业绩的象征。排名靠前的基金更值得信赖。

基金业绩要稳定

购买基金时，根据历史业绩筛选基金非常重要，因为基金过去的业绩代表未来的业绩，一个有良好业绩的基金才值得投资者购买。

基金经理要稳定

基金收益的好坏不仅与基金公司的投研能力有关，也与基金经理的个人能力有关。

人闲钱不闲
你不理财财不理你

四、通过基金经理来看基金的发展潜力

一个好的基金经理能给投资人带来滚滚红利，而一个能力不强的基金经理则会让投资人血本无归。如何考察基金经理的管理能力？我们可以作一些技术性、专业性的分析，这样有利于增强分析的准确性和专业度。可以通过证券选择和市场时机选择两个方面来评估。

证券选择能力是衡量一个基金经理的重要指标。我们从另一个方面，即将基金收益的来源与基金经理人能力联系起来考察，这种能力具体包括：基金证券选择能力评价和市场时机选择能力。

五、通过"业绩比较基准"看基金的投资回报水平

在证券投资基金领域要善于利用各种技术手段评估基金价值及成长性。

（1）业绩比较基准。基金的业绩比较基准，是近两三年才为部分投资人所了解的名词。对于很多人来说，接受业绩比较基准，从而接受基金业绩的相对表现，是一件挺困难的事。当你买的基金跌破面值，甚至滑落到 0.90 元以下的时候，基金报告里却偏说该基金"跑赢了比较基准，战胜了市场"，是不是让人感到酸溜溜的？

比较基准是用来评价投资组合回报的指标。如果你买的基金是以上证 A 股指数作为比较基准的话，投资运作一段时间后，将基金实际回报和上证 A 指的回报作比较，可以评估基金管理人的表现。如果基金发生了亏损，但是上证 A 指下跌得更厉害，基金经理就可以宣布自己做得比市场好；而如果基金赚了钱，但没有

上证 A 指涨得多，基金经理反而要检讨自己的投资水平。

（2）相对的投资表现。总之，引入"比较基准"以后，基金的业绩就成为相对概念了。在上涨的市场中，基金经理的压力很大，因为他必须更为积极地选股，才能保证自己战胜基准；而在下跌的市场中，也许只要保守一点，就可以战胜市场了。在近两年的中国股票市场中，由于大盘下跌的趋势比较明显，基金控制好仓位，战胜市场并不十分困难，所以绝大部分基金都是战胜基准的。

不过，就长期投资而言，战胜基准其实并非易事，因此，海外市场很多投资人已经放弃主动投资，而转向被动投资了。被动投资的典范是指数基金。比较基准对于指数基金的意义是完全不同的。在指数基金那里，作为比较基准的指数就是基金跟踪的标的，实际投资组合要求完全复制指数的成分股，而投资管理的过程就是使跟踪误差最小化。

现在我国大多数主动投资的基金，往往以获得超越基准的收益率为其投资目标。比较基准的选择充分考虑到基金的投资方向和投资风格。

六、通过基金评价来评估挑选基金

面对数百只开放型基金，许多投资人都感到很困惑，不知道如何挑选适合自己的基金。其实有一个很简单的途径，就是充分利用好独立的专业机构的基金评价体系，来帮助投资筛选。比如晨星的基金评级、证券时报基金评价系统，这些机构一般多采用科学的定量分析方法，以第三方的身份进行客观的评价，而且定期在各专业财经报纸、网站等媒体上予以发布。

这些专业的评价系统一般都包括基金分类、基金业绩评价、基金风险评定与评级三部分，投资人可据此予以筛选。

第一，利用分类判定基金的风险、收益水平。通过基金评价系统中的基金分类可以容易地找到符合自己投资目标与风险承受能力的基金。

第二，利用各期限的基金业绩排名与份额净值增长率来判断基金在同类型基金中的历史表现。评价系统一般都提供了不同时间段内基金的业绩增长情况，用以反映各基金短、中、长期的收益状况。投资人可以参照当时的市场状况，来分析基金的投资风格与应对市场变动的能力。

第三，基金的星级是一个反映基金投资管理水平的综合性指标。稳健的投资人可以把这个指标作为一个筛选器，尽量选取四星以上的基金，再结合其他的指标确定投资标的。当然，星级也仅是代表历史的表现状况，从动态的角度讲，投资人可以选取持续获得高星级的基金，或者星级连续上升的基金进行投资。

第四，风险控制水平也是衡量基金投资能力的一个重要指标。证券市场总是涨涨跌跌，不断波动，基金的风险等级反映了基金投资组合应对市场震荡的能力与资产的变现能力。从长期来看，风险的控制能力甚至是投资成败的关键因素。

【理财圣经】

投资者具备什么样的投资兴趣，有哪些投资上的偏好，对风

险投资的认知程度如何，都会对选择基金品种产生影响。因此，投资者在选择基金产品前，不仅要进行短期和长期投资的收益评价，还要对购买基金成本的关注程度进行分析，从而利用合适的渠道，选择合适的基金产品，以合适的成本进行投资。

按部就班买基金

在基金群中千挑万选，终于找到了合适的基金品种，接着就是按照步骤买进它：

一、阅读相关的政策和法律文件

参与任何活动都有规则，购买基金也一样，你在购买前最好先仔细阅读一下有关基金契约、开户程序、交易规则等文件，以及相关的禁止行为。这些都是你购买基金的前期准备。

二、开设基金账户

购买基金，首先开设基金交易账户，因为基金账户是基金管理公司识别投资人的标识。根据规定，有关基金销售站点应当有关于开设基金账户的条件、程序的相关文件，以提供给购买者参考。一般，投资人必须到基金管理机构，或者其相应代销机构去开设基金账户。不同的开放式基金，可能需要到不同的公司分别办开户手续，且每个投资人在同一个基金管理公司只能申请开设一个基金账户。

根据基金公司的相关规定，投资人在开立账户时要提供下列

人闲钱不闲
你不理财财不理你

文件：

（1）个人投资人。

新手买基金需要认清的情况

弄明白需要承担哪些费用

1. 认购费

是指投资者在基金发行募集期内购买基金单位时所缴纳的手续费。认购费费率通常在1%左右，并随认购金额的大小有相应的减让。

2. 申购费

是指向投资者收取的用于负担基金销售、市场推广等用途的费用。申购费率不得超过申购金额的5%，并且随申购金额的增加而降低，或随持有时间的增长而降低。

3. 赎回费

是指投资人卖出基金单位时支付的费用。是针对赎回行为收取的费用，开放式基金可以收取赎回费。

确定自己的目标与需求

1. 买基金的目标必须明确，最好能诉诸文字或数字且具可行性。

2. 买基金用来满足自己现在或将来的需求，可以是为子女储备教育金或是过上衣食无忧的生活等等。

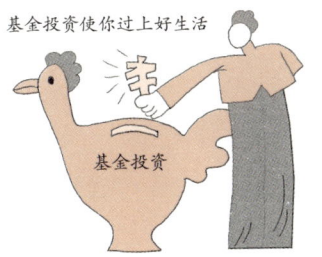

基金投资使你过上好生活

基金投资

本人有效身份证件（身份证、军官证、士兵证、护照等）的原件及复印件。

指定银行账户的证明文件及复印件。

（2）机构投资人。

加盖单位公章的企业法人营业执照复印件及有效的副本原件，事业法人、社会团体或其他组织提供民政部门或主管部门颁发的注册登记证书原件及加盖单位公章的复印件。

法定代表人授权委托书。

法定代表人身份证复印件。

业务经办人身份证件原件及复印件。

指定银行账户的证明文件及复印件。

三、购买基金

认购基金是指，投资人在开放式基金募集期间、基金尚未成立时购买基金单位的行为。通常认购价为基金单位面值加上一定的销售费用。投资人应在基金销售点填写认购申请书，交付认购款项，来认购基金，然后再在注册登记机构办理有关手续确认认购。

申购基金是指在基金成立之后，投资人购买基金的行为。这时通常应填写申购申请书，交付申购款项。款额一经交付，申购申请即为有效。

【理财圣经】

基金投资是一项习惯性的、规律性的投资活动，投资者在购买基金时，一定要根据相关规定按部就班地进行。

人闲钱不闲
你不理财财不理你

第三章

投资股票：高风险，高回报

股票投资：收益与风险并存

随着我国经济的稳步发展，投资股票的人越来越多。股票投资已成为普通百姓的最佳投资渠道之一，特别是对于希望实现财富梦想的投资人来说更是如此。

股票作为一种高风险、高收益的投资项目，它具有以下特点：

（1）变现性强，可以随时转让，进行市场交易，换成现金，所以持有股票与持有现金几乎是一样的。

（2）投机性大。股票作为交易的对象，对股份公司意义重大。资金实力雄厚的企业或金融投资公司大量买进一个公司的流通股和非流通股，往往可以成为该公司的最大股东，将该公司置于自己的控制之中，使股票价格骤升。相反的情况则是，已持有某一公司大量股票的企业或金融投资公司大量抛售该公司的股票，使该股票价格暴跌。就这样，股票价格的涨跌为投资人提供了赢利机会。

（3）风险大。投资人一旦购买股票便不能退还本金，因而具有风险性。股票投资人能否获得预期报酬，直接取决于企业的赢利情况。一旦企业破产，投资人可能连本金都保不住。

股票有着让人变成富豪的魔力。可以说，现在的世界富翁，财富大部分都来自股票投资。而股神巴菲特，其财产几乎全部来自于投资股票获利。可见，投资股票真的是致富的绝佳途径。

股票投资同其他投资项目比起来有很多优势：

（1）股票作为金融性资产，是金融投资领域中获利性最高的投资品种之一。追求高额利润是投资的基本法则，没有高利润就谈不上资本扩张，获利性是投资最根本的性质。人们进行投资，最主要的目的是为了获利。获利越高，人们投资的积极性就越大；获利越少，人们投资的积极性就越小。如果某一种投资项目根本无利可图，人们即使让资金闲置，也不会将资金投入其中。当然这里所说的获利性是一种潜在的获利性，是一种对未来形势的估计。投资人是否真能获利，取决于投资人对投资市场和投资品种未来价格走势的预测水平和操作能力。

（2）同其他潜在获利能力很高的金融投资品种相比，股票是安全性较好而风险性相对较低的一种。人们通常认为，风险大，利润也大；风险小，利润也小。既然要追求高额利润，就不可能没有风险。其实，不仅仅是股票有风险，其他任何投资都有风

买卖股票的基本原则

在股票投资中，如果遵循正确的原则和买卖纪律，高收益和低风险是可以并存的。以下是投资者在股票买卖过程中应遵循的买卖法则。

大盘原则

大盘下跌时尽量空仓或轻仓，大盘盘整时不贪，有10%或以下的利润就考虑平仓，大盘上攻时选择最强势的个股持有。

价值原则

选择未来两年价值增长的股票，至少未来一年价值增长。记住价格围绕价值波动的价值规律。

趋势原则

股价呈现向上波动的趋势。

共振原理

价值趋势向上，价格趋势向上，股票价格短线、中线、长线趋势向上。基本面和技术面都无可挑剔的股票是最好的股票。

板块原则

大盘上攻时，个股呈现板块轮涨的特征，判断某一时期的主流板块，选择板块中的龙头追入。

资金流原则

资金流入该股票，慎防股票的获利回吐。

资金管理

现金永远是最安全的，定期清仓，保障资金的主动性，等待机会，选择合适的时机重新建仓。

努力避免浮亏

正确地选择买点和卖点是避免被套的良方，写下买进和卖出的原因，严格地遵守买卖纪律，就能保障资金的主动性，虽然有时候要付出微亏的代价。

险，只是风险大小不同而已。

从近十年来的经验教训看，股民亏损的很多，但赚钱的也不少，一部分中小股民的亏损将另一部分中小股民推上了百万、千万甚至亿万富翁的宝座，亏损者的损失可谓小矣，而获利者的收获就堪称巨大了。

（3）股票投资的可操作性极强。一般说来，金融性投资的可操作性要高于实物性投资的可操作性。可操作性强与不强，其一体现在投资手续是否简便易行，其二体现为时间要求高不高，其三是对投资本钱大小的限制。金融性投资的操作方法和手续十分简便，对投资人的时间和资金要求也不高，适合大多数的投资人。在金融性投资中，股市（包括在证交所上市交易的股票、投资基金、国债和企业债券）的可操作性最强，不仅手续简便，而且时间要求不高，专职投资人可以一直守在证券交易营业部，非专职股民则比较灵活，一个电话即可了解股市行情，进行买进卖出，有条件的投资人还可以直接在家里或在办公室的网上获知行情。而且投资于股票几乎没有本钱的限制，有几千元就可以进入股市。在时间上完全由投资人自己说了算，投资人可以一直持有自己看好的股票，不管持有多长时间都可以，炒股经验一旦学到手便可以终生受益。此外，国家通过行政手段不断规范股市各种规章制度，注意保护广大中小投资人的利益，从政策上也保障了投资人的财产安全。

【理财圣经】

当你进入股票市场时，就等于走进了一个充满各种机会与陷

人闲钱不闲
你不理财财不理你

阱的冒险家乐园，其中大风险与大机遇同在。

开设账户的具体流程

开户，一般包括开立两个账户，一个是证券账户，另一个是资金账户。这好比投资人手中有两个篮子：一个篮子装股票，即证券账户，也称为股东卡，记录投资人持有的证券（包括股票、债券、基金）种类及数量；一个篮子装钱，即资金账户，也称为保证金账户，用于存放投资人卖出股票所得的款项以及买入股票所需的资金。在投资人进行股票买卖时，买进股票记入证券账户，并从资金账户中扣除资金；卖出股票时则相反。

一、证券账户的开立

开立证券账户，就目前国内 A 股市场而言，可分为沪市证券账户和深市证券账户。

（1）办理沪市证券账户。个人投资人须本人持身份证到上海中央登记结算公司或其代理点或可以办理开户手续的证券营业部，按要求填写开户申请表，提供完备的开户基本资料，并缴纳开户费 40 元。机构投资人办理沪市证券账户须提供完备的开户基本资料（一般包括法人证明文件《营业执照》及其复印件，法人代表证明书，办理人授权委托书及法人代表、代理人的身份证原件，开户费为 400 元），到上海证券中央登记结算公司各地的中心代理点办理。除了我国有关法律法规规定的禁止买卖证券的个人和法人（如证券从业人员、上市公司的高级管理人员，等等）外，凡年满 18 周岁的公民均可办理证券账户。

（2）办理深市证券账户。个人投资人须持本人身份证到当地的深圳证券登记机构办理，有些可以代开深市账户的证券营业部也可以办理。机构投资人须到深圳证券登记机构当地的代理处办理开户手续。个人投资人及机构投资人所提供的资料、办理手续与开立沪市证券账户时类似。

二、资金账户的开立

（1）资金账户的办理。个人投资人须提供本人身份证、沪市和深市证券账户，到证券营业部亲自办理，并同证券营业部签订委托代理协议，对于协议内容，客户一定要仔细看清楚，谨防其中有"陷阱"。若需他人代为交易，须双方一同到证券营业部，三方共同签订有关代理协议，并明确代理权限（如全权代理，只限于股票买卖，不包括资金存取），以免将来产生纠纷。

这里要提醒投资人的是，开立资金账户也是一个选择证券营业部的过程，就近、设施（如委托电话门数）、服务种类等都应成为选择证券营业部的参考指标。

（2）办理指定交易。对于想投资沪市股票的投资人来说，由于沪市现已全面实行指定交易，因此，投资人须持本人相关证件及沪市证券账户，到证券营业部签订指定代理协议书，才可进行沪市股票交易。

（3）电话委托和自助委托的办理。在与证券营业部签订委托代理协议书时，投资人可以同时选择开通电话委托、自助委托方式，这样，投资人就可以不通过柜台报单工作人员而自行买卖股票了。

（4）银证转账业务的办理。目前，证券营业部资金柜台前排长队存取款的现象依然存在。许多证券营业部与银行间联手开通了银证转账业务，使得客户的保证金账户与客户在银行的活期储蓄账户相联通，客户通过电话下指令，就能实现自己保证金账户与银行储蓄账户间资金的划拨。此业务也充分利用了银行营业网点多的优势，缓解了证券营业部排长队的现象。在开通银证转账业务的证券营业部里，客户可以自愿选择该项业务。

资金账户在投资人准备委托的证券商（公司）处开立，因为投资人只有通过他们才可以从事股票买卖。办理时，投资人须携带资金、身份证（或户口簿）及上述股票账户卡。开户资金及保证金多少，因证券公司的要求不同而各异。填写包括"证券买卖代理协议"和"开立委托买卖资金账户开户书"表格。如果要开立上海证券资金户必须填写"指定交易协议书"，如果要求有代理人则必须代理人与本人带身份证、股东卡一同前往证券营业部办理。资金账户里的资金按人民银行规定的活期存款利率计息。

【理财圣经】

要想练好基本功，使投资风险最小化，还需要了解怎样开设账户，这是进入证券市场的第一道门槛。

准备必要的炒股资金

俗话说：闲钱投资，余钱投机。这是股票投资的基本原则。

股票市场是高风险、高回报的场所，风险时时刻刻都伴随着投资人。股票投资看似简单，谁都可以玩，实则不然，只有具备经济宽裕、时间充足、投资知识丰富等多种条件的人才适合进行股票投资。准备必要的资金是进行股票投资的先决条件，它包括两方面的要求：一是不要借贷炒股，二是准备一定的后备资金。

一、不要借贷炒股

有的人不具备炒股所必备的资金，其收入仅够养家糊口，却希望借别人的鸡给自己下蛋，靠借债投资股票，这是极不明智的做法，隐藏着巨大的风险。借钱炒股的人大都从民间借贷，利息大大高于银行利率，有的高达30%～50%，在股市赚钱并不像某些人想象的那样，一买一卖就可以赚成千上万。在股市上每年下来能得到高于银行存款的收益已属不易，年收益30%～50%，除非股市高手，一般人是很难达到的。有的人看到自己在股市赚了几笔，就认为股市赚钱容易，妄自尊大，须知往往在牛市中三次赚的钱还不够熊市中一次赔的钱。何况借钱炒股一般只能进行短线投机，而短线投机的风险又是很大的。有时借期已至，但股票却套在其中，十分为难。所以，在任何情况下都不可倾其所有投入股市，更不可借贷炒股。

人闲钱不闲
你不理财财不理你

股票投资一定要在自己的资金限度内。股票投资的秘诀，就是要利用自己的存款和资金，在有限的范围内（譬如在自己存款的 10% 内）低价买进、高价卖出。投资人还必须充满自信，但绝不做勉强的投资，无论行情多么被看好，股价还可能涨多高，也不能因一时感情冲动而使投资金额超过自己的财力，什么时候都要量力而行。俗话说：小心驶得万年船。因此，借钱炒股票是一大陷阱，千万不要陷了进去，一定要量力而行。

当你投入全部资金入市时，你会渴望每一分钱都能为你带来赢利，尤其是当你借钱炒股时，你满怀的希望就会转化为对成功的焦虑和对失败的恐惧，这些巨大的心理压力迫使你的心理陷入困境，心被绷得紧紧的，丧失了独立思考的能力。因为你输不起，输的后果不堪设想，这时"贪婪"就被"恐惧"所替代，主宰了你整个身心。如果股市形势对你不利，每一分钟都在遭受损失，资金不断减少，你满脑子都只是股价继续下跌，大难临头的景象。此时此刻你怎么能看清大势，看清行情的本质呢？即便是再精明的人也会心烦意乱，根本无法正确估计形势，只有悔恨为何买入这种股票，一种灭顶的感觉淹没了所有的精明，于是急急忙忙认亏卖出。如果是牛市的话，股价回落调整时，很容易使你害怕赚来的钱要飞掉了而匆匆忙忙卖出，结果即使骑上了大牛股也会被"震"出来，钱只赚了一点点。更有甚者不甘心认赔，继续等待，最后市场趋势变了，你还以为是调整，以致越陷越深，最后陷入恐惧之中，不能自拔。下面是一个股民的自述：

炒股要做好充足准备

股市有风险，投资需谨慎，因此，进入股市之前，不仅要有充足的资金准备，还要充分做好各方面的准备，才有可能取胜。

我要开一个证券账户。

股票账户

投资证券市场首先要进行开户，建立自己的账户。

知识和资料的准备

可以阅读一些书，掌握一些基本用语，逐渐做到能看懂相关报纸、杂志，听懂广播。还有不少证券公司营业部经常会做的讲座、资料分享等，也是非常有用的。

我该选择哪种投资方式呢？

确定投资方式

股票投资可分为长期、中期、短期。要根据自己的时间、精力、意愿等来决定采取哪种方式。

人闲钱不闲
你不理财财不理你

1997 年上半年，股市一天比一天火，我终于决定借钱开户了，满世界凑够开户的钱数时，已是 4 月中旬了。我当时也是新股民啊，根本没想到满目繁荣的背后，许多股票正在悄悄地退潮。我勇敢地冲进股市去替挣了钱要跑的机构们扛大个去了。两三周连绵的暴跌和阴跌，把我打击得痛不欲生，日常的开支一减再减，但无论如何也弥补不了股票市值的日益缩水。数万元在悄悄地流走，债主又纷纷上门。那时候，我可谓万念俱灰，清空了所有的股票还账，最后自己只剩下一万来块钱了。我后悔自己一窍不通，盲目入市；后悔自己借钱炒股，自掘坟墓，每天暖洋洋的太阳照在身上，心里却冷得发抖。再看到新入市的朋友被满天飞的评论文章牵着鼻子走、因为深套而寝食不安，就不禁想对他们说：你了解股市吗？你有没有一套成熟的操作手法和操作纪律呢？如果没有的话，还是先远离股市吧，先去把该学的学会再来。

在股市中拼杀的人，只有输得起才能赢得起，输得起是赢得起的前提。股民在股市里炒股只能投入自己输得起的钱，从而保持心理和智力的充分自由。只有这样，才能为股市成功打下良好的基础。

二、准备一定的后备资金

为了完全化解炒股风险，除了不能借贷炒股外，还需要准备一定的后备资金。成语"狡兔三窟"说的就是这个意思。为什么兔子要有三个窝？因为这样可以防止狐狸的侵袭。虽然它有三个窝，若不提高警惕，也会成为狐狸的美餐，但有三个窝至少安全性要相对高一些。

投资的道理也是一样，如投资人仅有一笔资金，这笔资金一旦发生了问题，就会周转不灵，不能坚持下去，要是求全，便只能平仓止亏，把损失固定下来，当然，这也失去了反败为胜的机会。

这种情况在投资市场上经常出现。投资人若能坚持下去，有时只是多坚持一会儿，就可以赢利，但偏偏周转出现了问题，不得不暂停投资，这是一件很痛苦的事。若事后证明，能多坚持一会儿就可以突破难关，反败为胜，那么可想而知投资人会多么后悔。

经验表明，成功的投资人都会给自己准备几笔后备资金，这就好像踢足球一样。一支足球队有守门员、后卫、中锋、前锋，守门员接了球，传给后卫，后卫传给中锋，中锋再传给前锋。反过来，球在敌方脚上，己方的前锋拦截，截不到便由中锋拦截，若还没有截到的话，便联同后卫一起防守，最后是守门员把守最重要的一关，他们在不同的位置各司其职。

成功的投资人也要将资金进行分配，有前有后，分配成多笔资金。实际操作中，我们可以将用于投资的资金中的30%用来保本，做一些稳健低风险的投资，其中的50%可冒稍高的风险，20%用作高风险项目。有进取的，有保本的，有攻有守，有前有后，形成一套完整的投资计划。

保本的投资安全性相对较高，回报较稳定，可作为高风险投资的后盾，一旦高风险项目出了问题，还有保本的资金支持。例如，炒股失手，损失了一笔，但还有后备金，可以在保本的资金里拨出一些，继续再战。反过来也一样。若高风险的投资顺利，赚了大钱，则可以把一部分拨到保本投资当中，巩固投资的成果。

上面说到的是从纵向的角度看多笔资金的重要性，当然，从横向的角度看有多笔资金同样很重要。多笔资金可以放在不同的市场上，一部分用在股票市场，一部分用在外汇市场，一部分投资债券、基金等。这些市场各有各的风险，任何时候都不可能全部赚钱或全部亏损，有些赚，有些亏。这样，多笔资金便可以互补不足。

【理财圣经】

人们常说，不打无准备之仗。进入股市也是一样，要充分做各方面的准备，才有可能取胜。除了炒股基本知识的准备之外，还要做好充分的资金准备，资金是炒股的前提。没有钱自然谈不上进入股市，但要多少钱才能到股市上"潇洒走一回"呢？这要看个人的经济能力而定。

选股应遵循的四项基本原则

面对风云变幻的市场、不确定的世界，我们要思考：什么能够给我们带来相对稳定的预期？什么东西通过研究能够基本把握住它的真实情况？不是每天的涨跌，也不是技术图形的好坏，能够给我们相对确定的预期的只有上市公司本身。因为一个真正的好公司，经过多年的健康发展，不会一夜之间垮掉，而一个差公司也不可能在一夜之间真正地好起来。股票上涨的基础，归根结底离不开上市公司经营业绩的成长。虽然股市有时存在很大的整体性和其他各种风险，但是如果你选对了股票，就可能把这些风险大大降低，获得可观的收益。

那么在实践中，投资人应该如何挑选股票呢？

投资人在选股时要遵循一定的原则，具体如下：

一、利益原则

利益原则是选择股票的首要原则，投资股票就是为了获得某只股票给自己投入的资金带来的长期回报或者短期价差收益。投资人必须从这一目标出发，克服个人的地域观念和性格偏好，进行投资品种的选择。无论这只股票属于什么板块，属于什么行业，凡是能够带来丰厚收益的股票就是最佳的投资品种。

二、现实原则

股票市场变幻莫测。上市公司的情况每年都在发生各种变化，热门股和冷门股的概念也可以因为各种情况出现转换。因此，选择股票主要看投资品种的现实表现，上市公司过去的经营业绩和市场表现只能作为投资参考，而不能作为选择的标准。投资人没有必要抱定一种观念，完全选择自己过去喜爱的投资品种。

三、短期收益和长期收益兼顾的原则

从取得收益的方式来看，股票上的投资收益有两种：第一种主要是从价格变动中为投资人带来的短期价差收益；另一种是从上市公司和股票市场发展带来的长期投资收益。完全进行短期投

不同类型股民的选股技巧

　　每个人都有自己的个性，不同类型的股民在投资上会表现出不同的特点。按照自己的个性选股，是比较稳妥可靠的方法。

稳健型投资者

稳健型的投资者都很强调本期收入的稳定性和规则性，因此，通常都选择信用等级较高的债券和红利高而且安全的股票。所以，选股时应把安全性当做首要的参考指标。

激进型投资者

激进型投资者的目标是尽量在最短的时间内使其投资组合的价值达到最大。因此，其投资对象主要是震荡幅度较大的股票。

进取型投资者

进取型投资者讲究的是，在风险尽可能小的前提下，使利润达到最大化。当然，其风险系数要高于稳健型投资，而低于激进型投资者。

机牟取价差收益，有可能放过一些具有长期投资价值的品种；相反，如果全部从长期收益角度进行投资，则有可能放过市场上非常有利的投机机会。因此，投资人选股的时候，应该兼顾这两种投资方式，以便最大限度地增加自己的投资利润。

四、相对安全原则

股票市场所有的股票都具有一定的风险，要想寻求绝对安全的股票是不现实的。但是，投资人还是可以通过精心选择，来回避那些风险太大的投资品种。对广大中小投资人来说，在没有确切消息的情况下，一般不要参与问题股的炒作，应该选择相对安全的股票作为投资对象，避开有严重问题的上市公司。比如：

（1）有严重诉讼事件纠纷、公司财产被法院查封的上市公司。

（2）连续几年出现严重亏损、债务缠身、资不抵债、即将破产的上市公司。

（3）弄虚作假、编造虚假业绩骗取上市资格、配股、增发的上市公司。

（4）编造虚假中报和年报误导投资人的上市公司。

（5）有严重违规行为、被管理层通报批评的上市公司。

（6）被中国证监会列入摘牌行列的特别转让（PT）公司。

上述公司和一般被特别处理（ST）的上市公司不同，它们不完全是经济效益差，往往有严重的经营和管理方面的问题，投资这些股票有可能受牵连而蒙受经济上的重大损失。

参与炒作 PT 股票的投资人，在这些上市公司通过资产重组获得生机之后有可能获得较好的收益。但是，如果这些上市公司在这方面的尝试失败，最终就会被中国证监会摘牌，停止交易，投资人所投入的资金也面临着血本无归的局面。总体上看，这些股票的风险太大，广大中小投资人对此要有清醒的认识。

【理财圣经】

股票投资是一种集远见卓识、渊博的专业知识、智慧和实战经验于一体的风险投资。选择股票尤为重要，投资人必须仔细分析，独立研判，并着重遵循一些基本原则，如此，才会少走弯路。

选股应遵循"八大科学依据"

市场上有很多种股票，面对各种股票，任何一个投资人即使有雄厚的资金，也不可能同时购买市场上的所有股票。如何选择风险小、收益大的股票进行投资，实在是一件难事。对于资金数量不多的小额投资人而言，在眼花缭乱的大量股票中选择好投资对象，就更为不易。正因为如此，便有"选股如选美"的感叹。但是，选股并非毫无策略可言，应遵循如下八大科学依据：

一、根据公司业绩选股

公司业绩是股票价格变动的根本力量。公司业绩优良，其股票价格必将稳步持续上升，反之则会下降。因此，长线投资人应主要考虑公司业绩进行选股。衡量公司业绩的最主要指标是每股赢利及其增长率。根据我国公司的现状，一般认为每股税后赢利

0.8 元以上且年增长率在 25% 以上者，具有长期投资价值。

二、根据经济周期选股

不同行业的公司股票在经济周期的不同阶段，其市场表现大不一样。有的公司对经济周期变动的影响极为敏感，经济繁荣时，公司业务发展很快，赢利也极为丰厚，反之，经济衰退时，其业绩也明显下降；另一类公司受经济繁荣或衰退的影响则不大，繁荣时期，其赢利不会大幅上升，衰退时期亦无明显减少，甚至还可能更好。因此，在经济繁荣时期，投资人最好选择前一类股票；而在经济不景气或衰退时，最好选择后一类股票。

三、根据每股净资产值选股

每股净资产值即股票的"含金量"，它是股票的内在价值，是公司即期资产中真正属于股东的且有实物或现金形式存在的权益，它是股票价格变动的内在支配力量。通常情况下，每股净资产值必须高于每股票面值，但通常低于股票市价，因为市价总是包含了投资人的预期。在市价一定的情况下，每股净资产值越高的股票越具有投资价值。因此，投资人应选择每股净资产值高的股票进行投资。如果市价低于每股净资产值，其投资价值极高。当然，净资产值低而市价也低的股票，也可适当选择，但无论如何最好不要选择净资产值低于股票面值的股票。

四、根据股票市盈率选股

市盈率是一个综合性指标，长线投资人可以从中看出股票投资的翻本期，短线投资人则可从中观察到股票价格的高低。一般来说，应选择市盈率较低的股票。但市盈率长期偏低的股票未必值得选择，因为它可能是不活跃、不被大多数投资人看好的股票，而市场永远是由大众行为决定的，因此，其价格也很难攀升。至于市盈率究竟在何种水平的股票值得选择，并无绝对标准。从我国目前经济发展和企业成长状况来看，市盈率在 20 左右不算高。

五、根据股票的市场表现选股

股票的净资产是股票市场表现的基础，但两者并非完全对应，即净资产值高的股票，其市价不一定都有良好的表现，相同或相近净资产值的股票，其市价可能有较大差异。因此，对短线投资人而言，市场价格如何变动，即其波动幅度大不大，上升空间广不广，亦是选股的重要依据。一般地说，短线操作者最好选择那些短期内有较大上升空间或市价波动幅度大的股票，这些股票提供的短期获利机会较大。

六、根据个人情况选股

大多数投资人常对某些股票有所偏好，这可能是因为对这类股票的公司业务较熟悉，或是对这类股票的个性较易驾驭，或是操作起来得心应手，等等。根据个人情况选股时，要全面考虑自己的资金、风险、心理、时间、知识等方面的承受能力。比如有的股票经常大起大落，变动无常，在上述方面承受能力不强的投资人就不宜选择。

七、根据股价涨幅超前与否选股

通常同一行业中最好的两三只股票会有强劲的走势，而其

不同类型的股民在选股时应注意哪些?

稳健性投资者

公司经营状况和盈利状况都较稳定

股票的市盈率较低

红利水平较高

股本较大，一般不会有市场主力光顾

激进型投资者

股票以往表现较为活跃

最好有主力资金的介入

有炒作题材配合

量价关系配合良好

技术指标发出明显讯号

进取型投资者

赢利和红利的增长潜力大

红利水平较低

预期收益率较高

赢利增长率较高

由于股票市场是一个高风险的市场，投资者往往追求高收益而忽略其风险因素，所以我国的大部分投资者都是激进型和进取型的投资者。

人闲钱不闲
你不理财财不理你

他的股票则步履维艰。前者被称为"领导股"，后者便是所谓的"同情股"。"领导股"也是涨幅超前股，是投资人应选择的对象。如何发现这些"领导股"呢？一个简易的方法是股票相对价格强度测定法。所谓"相对价格强度"，是指某种股票在一定时期内涨价幅度与同期的股价指数或其他股票的涨幅度的比值。通常认为，相对价格强度在80以上的股票极具选择价值。

八、根据多头市场的四段行情选股

多头市场的行情走势通常可分为四段行情。

第一段行情为股价急升行情，整个市场的升幅极大，通常占整个多头行情的50%。在这段行情内，大多数股票从空头市场过度压抑的水准下反弹时，几乎所有的股票都会上涨。在这期间可以试进高风险股票。当空头市场转向，公司破产的威胁减少，这类股票会恢复到较正常的水准，其升幅将有优良的表现。

第二段行情也是相当有利的，股价指数的升幅超出整个多头行情的25%。通常，在这段行情中，成长股开始有好的表现。投资人普遍看出经济发展的未来美景，并且寻找参与成长的方式。在这种投资气候里，成长股会更快地升高价位，此时的绩优成长股走势也相当好，其可能涨幅比股价指数还要高。因此，在这一段行情内，最好选择成长股的绩优股。

第三段行情的涨幅显著较小，一般少于整个多头行情的25%，而且只有极有限的股票继续上升。对这段行情的可能策略是，慢慢卖出次等成长股，转移部分资金用于具有在多头市场里维持价位能力的绩优成长股，以及购进那些能在未来经济困境中特别获益的顺应大势的股票。总之，此段行情内必须开始对空头市场做准备。

第四段行情是多头市场即将完结的行情，此时该涨的股票都已涨得差不多，只有绩优成长股以及可在经济困境中获利的少数股票，才可能继续上升。因此，这段行情的选股是最困难的，通常这时应是准备撤离市场的时候。但空头市场究竟何时来临很难确定，故此时全部清盘未必明智，最佳的保障办法是维持某些绩优成长股，而不要空仓。

【理财圣经】

股票市场投资，选择恰当的股票，其重要程度并不亚于时机的选择，在某种意义上，选股比选时甚至更为重要。为了提高选股的科学性、成功率，在选股时务必遵循"八大科学依据"。

股票的几种投资策略

面对险象环生的股市，投资者不仅要有勇气、耐心和基本知识，而且要有投资的技巧和策略。以下就介绍几种股票投资的策略，希望对你的股票交易有所帮助。

一、顺势投资

顺势投资是灵活的跟"风"、反"零股交易"的投资股票技巧，即当股市走势良好时，宜做多头交易，反之做空头交易。但顺势投资需要注意的一点是：时刻注意股价上升或下降是否已达顶峰或低谷，如果确信真的已达此点，那么做法就应与"顺势"的做法相反，这样投资人便可以出其不意而获先见之"利"。投资人在采用顺势投资法时应注意两点：1. 是否真涨或真跌；2. 是否已到转折点。

二、"拔档子"

采用"拔档子"投资方式是多头降低成本、保存实力的操作方法之一。也就是投资人在股价上涨时先卖出自己持有的股票，等价位有所下降后再补回来的一种投机技巧。"拔档子"的好处在于可以在短时间内挣得差价，使投资人的资金实现一个小小的积累。

"拔档子"的目的有两个：一是行情看涨卖出、回落后补进；二是行情看跌卖出、再跌后买进。前者是多头推进股价上升时转为空头，希望股价下降再做多头；后者是被套的多头或败阵的多头趁股价尚未太低抛出，待再降后买回。

三、保本投资

保本投资主要用于经济下滑、通货膨胀、行情不明时。保本即投资人不想亏掉最后可获得的利益。这个"本"比投资人的预期报酬要低得多，但最重要的是没有"伤"到最根本的资金。

四、摊平投资与上档加码

摊平投资就是投资人买进某只股票后发现该股票在持续下跌，那么，在降到一定程度后再买进一批，这样总平均买价就比第一次购买时的买价低。上档加码指在买进股票后，股价上升了，可再加码买进一些，以使股数增加，从而增加利润。

摊平投资一般有以下两种方法：

（1）逐次平均买进摊平。即投资人将资金平均分为几份，一般至少是三份，第一次买进股票只用总资金的1/3。若行情上涨，投资人可以获利；若行情下跌了，第二次再买，仍是只用资金的1/3，如果行情升到第一次的水平，便可获利。若第二次买后仍下跌，第三次再买，用去最后的1/3资金。一般说来，第三次买进后股价很可能要升起来，因而投资人应耐心等待股价回升。

（2）加倍买进摊平。即投资人第一次买进后行情下降，则第二次加倍买进，若第二次买进后行情仍旧下跌，则第三次再加倍买进。因为股价不可能总是下跌，所以加倍再买一次到两次后，通常情况下股票价格会上升的，这样投资人即可获得收益。

五、"反气势"投资

在股市中，首先应确认大势环境无特别事件影响时，可采用"反气势"的操作法，即当人气正旺、舆论一致看好时果断出售；反之果断买进，且越涨越卖，越跌越买。

"反气势"方法在运用时必须结合基本条件。例如，当股市长期低迷、刚开始放量高涨时，你只能追涨；而长期高涨，则开始放量下跌时，你只能杀跌。否则，运用"反气势"不仅不赢利，反而会增加亏损。

【理财圣经】

炒股需要智慧，但更需要技巧和策略。好的炒股策略会让你的资产取得更可观的利润。

第四章

保险是人生的防护墙：小成本 PK 大损失

保险：幸福人生的保障

如果我们把理财的过程看成是建造财富金字塔的过程，那么买保险就是为金字塔筑底的关键一步。很多人在提起理财的时候往往想到的是投资、炒股，其实这些都是金字塔顶端的部分。如果你没有合理的保险做后盾，那么一旦自身出了问题，比如失业，比如大病，我们的财富金字塔就会轰然倒塌。没有保险，一人得病，全家致贫。如果能够未雨绸缪，一年花上千八百块钱，真到有意外的时候可能就有一份十几万、几十万的保单来解困，何乐而不为呢？

虽然许多人能接受保险的观念，但又担心保费的问题，因此延误投保的时机。人生中许多不可错失的机会，就在这迟疑中蹉跎了。聪明的人会开源节流，为家庭经济打算，投保就是保障生计的最佳方法。

遭到意外的家庭其收入来源有四：亲戚、朋友、他人救济或保险理赔，其中，没有人情压力的保险当然是最受欢迎的。保险费是未来生活的缩影，比例是固定的，真正贵的不是保险费，而是生活费。倘若我们今天选择了便宜的保险费，相对的，代表来日我们只能享受贫穷的生活水准。你一定不愿意让家庭未来的生活水准打折扣，那么今日的保险投资就是值得的，何况它只是我们收入的一小部分而已。以小小的付出，换得永久的利益和保障，实在划算。

许多人认为，买保险是有钱人的事，但保险专家认为，风险抵抗力越弱的家庭越应该买保险，经济状况较差的家庭其实更需要买保险。成千上万元的医药费，对一个富裕家庭来说可以承受，但对于许多中低收入的家庭则是一笔巨大支出，往往一场疾病就能使一个家庭陷入经济困境中。"对于家庭经济状况一般的市民来说，应首先投保保障型医疗保险。"

保险专家举例说，如果一个29岁以下的市民，投保某保险公司的保障型医疗保险，每年只需缴300多元（平均每天1元）的保费，就可同时获得3 000元/次以下的住院费、3 000元/次以下的手术费，以及住院期间每天30元的补贴；如果是因为意外事故住院，则还可以拥有4 000元的意外医疗（包括门诊和住院），而且不限次数，也就是说被保险人一年即使有几次因病住院，也均可获得相应保障；万一被保险人不幸意外身故或残疾，还可一次性获得6万元的保险金。保险专家提醒，保险和年龄的关系很密切，越早买越便宜，如果被保险人在 30 ~ 39 岁，相应的保障型医疗保险保费则会提高到 400 元。

人在一生中最难攒的钱，就是风烛残年的苦命钱。人们在年轻时所攒的钱里，本来 10% 是为年老时准备的。因为现代人在年轻时不得不拼命工作，这样其实是在用明天的健康换取今天的金钱；而到年老时，逐渐逝去的健康也许要用金钱买回来。"涓滴不弃，乃成江河"，真正会理财的人，就是会善用小钱的人，将日常可能浪费的小钱积存起来投保，通过保险囤积保障，让自己和家人能拥有一个有保障的未来。

要想让保险更加切合我们的需求，充分担当起遮风挡雨的作用，就应该与寿险规划师进行深入交流，让寿险规划师采取需求导向分析的方式，从生活费用、住房费用、教育费用、医疗费用、养老费用和其他费用等方面来量化家庭的具体应该准备的费用状况，绘制出个别年度应备费用图和应备费用累计图，同时了解家庭的现有资产和其他家庭成员的收入状况，制作出已备费用累计图。将应备费用累计图和已备费用累计图放在一块比较，得出费用差额图，确切找出我们的保障需求缺口。有的时候，缺口为零或是负数，那就说明这个客户没有寿险保障的缺口。

找到缺口后，再根据这个缺口设计出具体的解决方案。根据不足费用的类别和的年度分布状况，以及客户年收入的高低和稳定性，在尽量使得保险金额符合需求缺口的前提下，选择各种不同的元素型产品，根据客户的支付能力进行相应调整，设计出一个组合的保险方案，以这种方式来做保险规划，是基于家庭真实需求和收入水平的做法，当然是最适合家庭的方案。而且，通过寿险规划师每年定期和不定期的服务，进行动态调整，以此做到贴身和贴心。

所以说，保险是幸福人生的保障，有了人身的保障才能进行其他投资。

【理财圣经】

俗话说"攘外必先安内"，如果你和家人的健康能够得到很好的保障，你们的财产能够得到充分的保护，生活也就轻松很多了。保险，就是这样一个理财工具，它为你的生活提供更多安全，带来更大改变。

选择优秀保险公司的标准

徐先生是一家外资公司的业务人员。由于工作需要，公司为他投保了一个3万元的团体意外险，但徐先生觉得保障力度太小，想再为自己投保一份商业保险，以获得更充足的保障。但是，他不知道该买哪个公司的保险，为此咨询了很多人，但他还是拿不定主意。

这事被他的亲戚和朋友们知道了。他的表妹在中国平安保险公司工作，立刻为他推荐平安的意外险，而他有个朋友在信诚保险公司工作，又为他推荐信诚的险种。目前，市面上还有中国与国外合资的保险公司，徐先生觉得国外的保险公司可能服务更周到、更全面些。这就让徐先生为难了，他到底该买什么公司的保险？买多少？什么样的公司信誉度和服务更好？能为他提供更周全的保障？

徐先生毫无头绪，每个公司都有着各自的优点和缺点，比较不出来哪个更好些，而网上对这几个公司的保险的评价都是褒贬不一。保险肯定是要买的，可是要买哪一个？

最后徐先生觉得还是大一点的保险公司更靠谱，就买了中国平安的保险。可是，徐先生仍然觉得当初做决定真是个很麻烦的问题。

徐先生遇到的问题，同样也是每个想买保险的人都会遇到的。

随着我国金融业的发展，各种保险公司如雨后春笋般现身市场，其中既有国有保险公司，又有股份制保险公司和外资保险公司，使得投资人有了很大的选择余地，但同时也面临着更多的困惑，应该怎样选择保险公司呢？投资人不妨从以下几方面来衡量：

一、公司实力放第一

建立的时间相对较久的保险公司，相对来说规模大、资金雄厚，从而信誉度高、员工的素质高、能力强，他们对于投保人来说更值得选择。我国国内的保险业由于发展时间比较短，因此主要参考标准则为公司的资产总值，公司的总保费收入、营业网络、保单数量、员工人数和过去的业绩，等等。消费者在选择保险公司的时候不应该只考虑保费高低的问题，购买保险除了看价格，业务能力也很重要。较大的保险公司在理赔方面的业务较成熟，能为及时为你提供服务，尽管保费较高，但是能够保证第一时间理赔，仅这一点，就值得你选择。

二、公司的大与小

作为一种金融服务产品，很多投保人在投保时，在选择大公司还是小公司上犹豫不决。其实，在这一点上要着重看保险公司的服务水平和质量。一般说来，规模大的保险公司理赔标准一般都比较高，理赔速度也快，但缺点是大公司的保费要比小公司的保费高一些；相比之下，小的保险公司在这方面就有所不足，但保费会比较低，具有价格上的竞争优势。

三、产品种类要考验

选择合适的产品种类，就是为自己选择了合适的保障。每家保险公司都有众多产品，想要靠自己的能力淘出好的来，并不容易。找到好的保险公司就不同了。因为，一家好的保险公司能为你提供的保险产品都比较完善，可以从中选择应用广泛的成品，亦可省了不少烦恼。而一家好的保险公司一般应具备这样几个条件：种类齐全；产品灵活性高，可为投保人提供更大的便利条件；产品竞争力强。

四、核对自己的需要

保险公司合不合适最终都要落实到自己身上，你的需要是什么？该公司提供的服务是否符合你的要求？你觉得哪家公司提供的服务更完善？精心地和自己的情况进行核对、比较，这才是你做决策时最重要的问题。

选择什么样的保险公司就决定了投资人将享受什么样的服务和险种。众多保险公司面前，任谁都难以抉择，但参考四大标准是必不可少的程序。

谁投保，谁就受益吗

常常有人以为"谁投保，谁受益"，实际上这是个误区，为了解开这个误解，我们先要了解什么是投保人和受益人。

投保人是指签订保险合同，对保险标的具有可保利益，负担和交纳保险费的一方当事人，又称"要保人"。投保人可以是法人，也可以是自然人。一般情况下，签订保险合同的投保人即为被保险人，但投保人可以是被保险人本人，也可以是法律所许可的其他人。投保人应具有相应的权利能力和行为能力，无权利能力的法人或者无行为能力或限制行为能力的人，与保险人订立的保险合同是无效的。同时，投保人要具有保险利益，即对保险标的具有经济上的利害关系，否则不能与保险人订立保险合同。

受益人是指人身保险合同中由被保险人或者投保人指定的享有保险金请求权的人，投保人、被保险人可以为受益人。

在保险合同中由被保险人或投保人指定，在被保险人死亡后有权领取保险金的人，一般见于人身保险合同。如果投保人或被保险人未指定受益人，则他的法定继承人即为受益人。受益人在被保险人死亡后领取的保险金，不得作为死者遗产用来清偿死者生前的债务，受益人以外的他人无权分享保险金。在保险合同中，受益人只享受权利，不承担缴付保险费的义务。受益人的受益权以被保险人死亡时受益人尚生存为条件，若受益人先于被保险人死亡，则受益权应回归给被保险人，或由投保人或被保险人另行指定新的受益人，而不能由受益人的继承人继承受益权。

投保人、被保险人可以为受益人。

河北某省一家工厂，2000年5月由单位向保险公司投保了团体人身保险。该厂工人王某于2001年3月因交通事故死亡。事故发生后，保险公司迅速作了给付保险金的决定。但该把钱给谁呢？保险公司犯了难，原来保险公司发现，保单上载明的"受益人"是该投保单位，但受益人王某未对此未做书面认可。

厂方认为，王某虽未认可，但也没反对，应该算默认。按"谁投保，谁受益"的惯例看，赔偿金当然应该由厂方领取。那么真是这样的吗？

这个故事涉及的"谁投保，谁受益"有没有法律依据呢？实际上，投保人承担缴纳保险的义务，但并不一定就享有领取保险金的权利，受益权的获得是有一定条件的。《保险法》规定："人身保险的受益人由被保险人或投保人指定。投保人指定受益人时须经被保险人同意。"

人闲钱不闲
你不理财财不理你

由此可见，投保人可能是受益人，也可能不是。这要看被保险人是否同意。比如在上面的案子中，如果王某同意了单位的指定，那么投保人就是受益人，否则可能造成没有指定受益人的情况。如果没有在指定受益人的情况下，按照《中华人民共和国保险法》的规定，应该将保险金作为被保险人的遗产，由保险人向被保险人的继承人履行给付保险金义务。在这个案子里，保险金就应该由死者王某的家属作为被保险人的遗产领取。

学会分清投保人、被保险人和受益人

想买一份保险，却连投保人、被保险人、受益人三大主体关系都分不清楚，面对客户经理专业的讲解，最终还是一头雾水，不知道哪栏该填哪个人，怎么办？下面让我们了解一下这三者的关系吧。

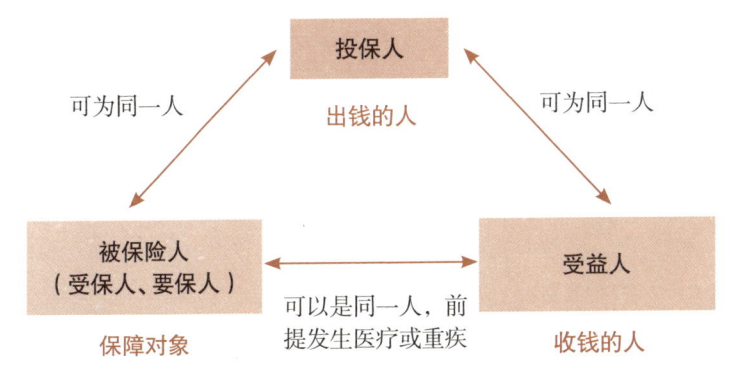

投保时，被保险人填写时要慎重，因为一旦确定，就不可以再更改，但投保人和受益人可以更改，更改时必须经过被保险人同意。

谁投保就是谁受益，这是现实中很多保险投资人的误解。其实投保人并不等同于受益人，所以，投资人在买保险前一定要明确指明受益人，以免在理赔时让自己受损失。

如何购买少儿险

父母们也许会问：市面上有哪一些保险品种可以给自己的孩子购买呢？多大的孩子可以购买保险呢？怎样买更加划算呢？

父母对孩子最关心的事，不外乎就是如何确保孩子平安健康地成长以及接受到良好的教育，而教育开支和疾病、意外等产生的费用都不菲。如果觉得有必要将这些费用细水长流地逐年分摊，而且在出现万一时对孩子的爱得以延续，父母们不妨考虑一下少儿保险。

目前市面上少儿险基本上可以分为三类：少儿意外伤害险、少儿健康医疗险及少儿教育储蓄险，这也是根据孩子面临的三大风险来定的。这些产品的共同特征就是在孩子成长阶段，就开始给他们提供健康及教育储蓄保障。

家长们可以根据不同的情况选择不同的险种：

一、不同险种解决不同问题

据保险专家介绍，对于少儿险来说，不同的险种是为了解决不同的问题，家长为孩子购买保险，关键要看家长最关心的是什么。

第一类：防止意外伤害。孩子在婴幼儿阶段自我保护意识比较差，基本完全依赖于爸爸妈妈的照顾和保护；孩子在上小学、中学阶段，要负担照顾自己的责任，但作为弱小群体，为了避免车祸等意外，父母可以酌情为孩子购买这类险种，一旦孩子发生意外后，可以得到一定的经济赔偿。

第二类：孩子的健康。调查显示父母对孩子的健康格外关

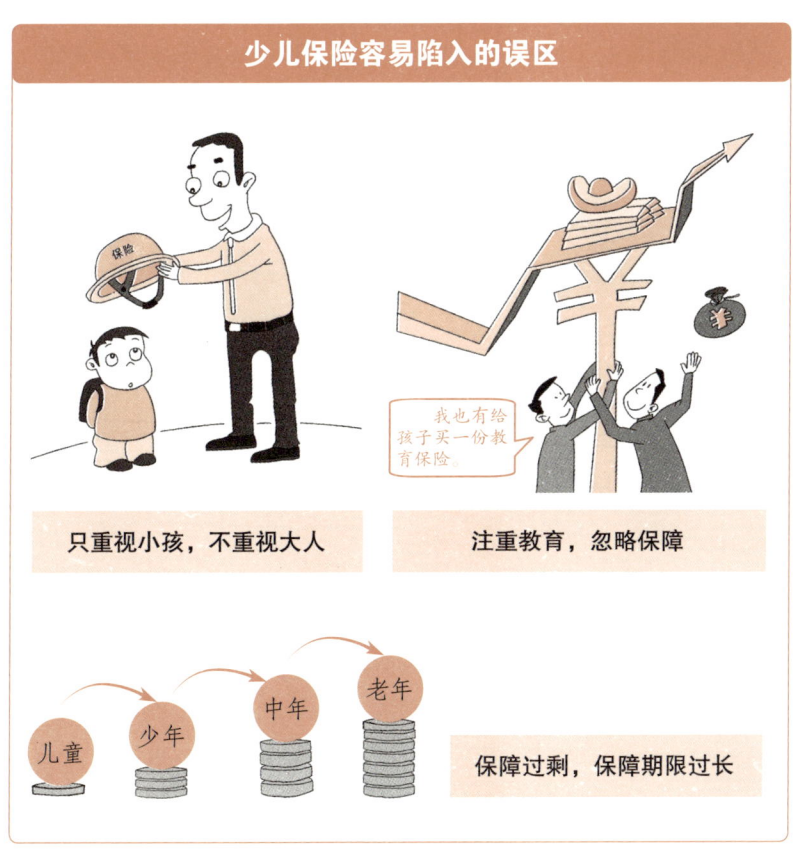

少儿保险容易陷入的误区

保险

只重视小孩，不重视大人

我也有给孩子买一份教育保险

注重教育，忽略保障

儿童　少年　中年　老年

保障过剩，保障期限过长

注。目前，重大疾病有年轻化、低龄化的趋向，重大疾病的高额医疗费用已经成为一些家庭的沉重负担。如果条件允许，父母最好为孩子买一份终身型的重大疾病险，而且重大疾病险岁数越小保费越便宜。

第三类：孩子的教育储蓄。据介绍，它解决的问题主要是孩子未来上大学或者出国留学的学费问题。越来越高的教育支出，不可预测的未来，都给父母一份责任，提前为孩子作一个财务规划和安排显得非常必要。一旦父母发生意外，如果购买了"可豁免保费"的保险产品，孩子不仅免缴保费，还可获得一份生活费。

二、不同险种搭配更加实惠

对于一些家长来说，有的家长既关心孩子未来的教育，同时又关注孩子的健康，希望孩子发生重大疾病和意外时有所保障，保险公司也了解到各家长的需求，从而开发出一些保险产品，适合不同需求的人士购买。

需要注意的是，一般家庭的总体保险开销占家庭收入的10%比较合理，特别是在家庭的上升期，儿童保险不宜占过多的比例，否则常年支付家庭压力相对较大，当然高收入的家庭可以重点加强教育金的部分。

【理财圣经】

孩子的安全、健康和教育是家长们最为关注的问题。为了更好地促进孩子的成长，家长们为孩子购买保险已成为一种非常有必要的事情。

人闲钱不闲
你不理财财不理你

如何购买健康险

健康是人类最大的财富。疾病带给人们的除了心理、生理的压力外，还会带来越来越沉重的经济负担。有调查显示，77%的投资者对健康险有需求，但是健康险包括哪些险种，又应该如何购买，不少投资者对此懵懵懂懂。

以下是保险专家为你如何购买健康险提出一些建议：

一、有社保宜买补贴型保险

刘先生买了某保险公司2万元的商业医疗保险。他住院花费了12 000余元，按照保险条款，他应得到保险公司近9000元赔付。但由于他从社会基本医疗保险中报销7000余元药费，保险公司最后赔付他实际费用与报销费用的差额部分5100元。这让刘先生很不理解。

专家解答：商业健康险主要包括重疾险和医疗险两大类，重疾险是疾病确诊符合重疾险理赔条件后就给予理赔的保险，不管投保人是否医治都会给予理赔；而医疗险是对医治过程中发生费用问题给予的补偿。如果没有医治并发生费用，医疗险也无法理赔。

医疗险又分为分成费用型住院医疗险与补贴型住院医疗险。刘先生购买的是费用型保险。

所谓费用型保险，是指保险公司根据合同中规定的比例，按照投保人在医疗中的所有费用单据上的总额来进行赔付，如果在

如何合理选择健康险?

　　健康是人类最大的财富。疾病带给人们的除了心理、生理的压力外，还会面临越来越沉重的经济负担。有调查显示，77%的市民对健康险有需求，但是健康险包括哪些险种，又应该如何购买，不少市民对此懵懵懂懂。以下是保险专家提出的一些建议：

我要拿出10%的积蓄买健康险。

最需要原则

每个人因情况不同，所需要的健康险也不同。首先应考虑有没有参加社会基本医疗保险，其次要考虑的，应该拿出多少钱来投保。

最适合原则

险种没有好坏之分，只有最适合谁的问题。健康险包括重大疾病保险、住院费用报销型保险及住院补贴型保险。重大疾病保险应该是每个家庭的首选。

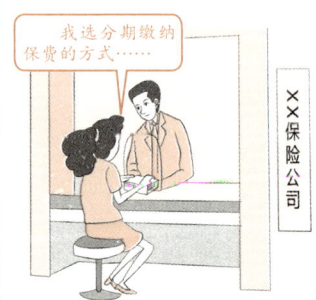

我选分期缴纳保费的方式……

××保险公司

最有利原则

健康险一般有多种缴费方式，可以一次性缴清，也可以逐年分期缴费。投保重大疾病保险等健康险时，尽量选择缴费期长的缴费方式。

人闲钱不闲
你不理财财不理你

社会基本医疗保险报销，保险公司就只能按照保险补偿原则，补足所耗费用的差额；反过来也是一样，如果在保险公司报销后，社保也只能补足费用差额。

补贴型保险，又称定额给付型保险，与实际医疗费用无关，理赔时无须提供发票，保险公司按照合同规定的补贴标准，对投保人进行赔付。无论他在治疗时花多少钱，得了什么病，赔付标准不变。

专家表示，对于没有社保的市民而言，投保费用型住院医疗险更划算，这是因为费用型住院医疗险所补偿的是社保报销后的其他费用，保险公司再按照80%进行补偿。而没有社保的人则按照全部医疗花费的80%进行理赔，商业保险补偿的范围覆盖社保那一部分，理赔就会较多。反之，对于拥有社保的市民而言，不妨投保津贴型住院医疗险。

二、保证续保莫忽视

江女士已步入不惑之年，生活稳定，工作也渐入佳境，两年前为自己投保了缴费20年期的人寿保险，并附加了个人住院医疗保险。今年年初，江女士身体不适，去医院检查发现患有再生障碍性贫血。经过几个月的治疗，病情得到了控制，医疗费用也及时得到了保险公司的理赔。

不料，几天前，江女士忽然接到保险公司通知，称根据其目前的健康状况，将不能再续保附加医疗险。她非常不解，认为买保险就是图个长远保障，为什么赔了一次就不能再续保了呢？

专家解答：虽然江女士投保的主险是长期产品，但附加的医疗险属于 1 年期短期险种，在合同中有这样的条款："本附加保险合同的保险期间为 1 年，自本公司收取保险费后的次日零时起至约定的终止日 24 时止。对附加短险，公司有权不接受续保。保险期届满，本公司不接受续约时，本附加合同效力终止。"

目前，不少保险公司根据市场需求陆续推出了保证续保的医疗保险。有些险种规定，在几年内缴纳有限的保费之后，即可获得终身住院医疗补贴保障，从而较好地解决了传统型附加医疗险必须每年投保一次的问题。对于被保险人来说，有无"保证续保权"至关重要。所以，您在投保时一定要详细了解保单条款，选择能够保证续保的险种。

三、根据不同年龄选择不同健康保险

购买健康险也应根据年龄阶段有针对性地购买。专家建议：学生时期，学生好动性大，患病概率较大。所以，选择参加学生平安保险和学生疾病住院医疗保险是一种很好的保障办法。学生平安保险每人每年只需花几十元钱，可得到几万元的疾病住院医疗保障和几千元的意外伤害医疗保障。

单身一族也该购买健康保险。刚走向社会的年轻人，身体面临的风险主要来自于意外伤害，加上工作时间不长，受经济能力的限制，在医疗保险的组合上可以意外伤害医疗保险为主，配上一份重大疾病保险。

结婚成家后的时期，人过 30 岁就要开始防衰老，可以重点买一份住院医疗保险，应付一般性住院医疗费用的支出。进入这

人闲钱不闲
你不理财财不理你

个时期的人具备了一定的经济基础，同时对家庭又多了一份责任感，不妨多选择一份保障额度与经济能力相适合的重大疾病保险，避免因患大病使家庭在经济上陷入困境。

四、期缴更合适

健康保险也是一种理财方式，即可以一次全部付清（即趸缴），也可以分期付（即期缴）。但是跟买房子不一样，保险是对承诺的兑现，付出越少越好。所以一次性缴费就不太理性，理性的做法是要争取最长年限的缴费方式。这样每年缴费的金额比较少，不会影响正常生活支出，而且在保险合同开始生效的最初年份里保险保障的价值最大。

【理财圣经】

一旦健康出现危机，我们有可能会面临经济危机。为了防范这种经济危机，有必要购买合适的健康险。

你不得不规避的五大保险误区

虽然说不同的人生阶段，需要用不同的保险产品来安排保障，但在人们的观念中往往会出现一些误区，其中既有在整个过程中的观念错误，也有不同阶段消费中特别容易犯的错误。

一、寿险规划只能增加不能减少

有人以为，既然是阶梯式消费，就应该是爬坡式向上，保险产品只能越选越多，保额也应该逐渐累加，其实不然。随着人生阶段的不断向前，总体而言保险是越买越多了，但具体到每一个险种上并非完全如此。

寿险规划的改变，并不只是意味着保单数量的增加。由于家庭责任、经济收入变化，每一时期需要的保障重点已经在前文中有所阐述。

从中不难发现，年轻时意外险是必需的，而且额度很高，但到了年老后意外险变得不再很重要。寿险额度则是单身期较少，到家庭成长期和成熟期因家庭负担较重而变得很高，但到了老年再次降低。医疗类产品的变化也不是直线上升的，因为不同时期对具体的健康医疗类产品需求很不一样。年轻时需要的意外医疗保险，到了 40 岁以后可能更多考虑终身健康保险和终身医疗补贴。

到底是增是减，关键还是看需要。

二、年轻人买不买保险无所谓

在单身期，也就是保险的"初级消费阶段"，年轻人总是对保险抱着无谓的态度。

（1）意外太偶然，轮不到我。

不少年轻人存有一种侥幸心理："世界这么大，哪有那么多的意外发生，即使有意外发生也不一定轮到自己。"但意外是突如其来的客观事故，它不是以个人的意志为转移的，它什么时候光顾、光顾到谁头上，谁也说不准。也正是因为意外事故发生的概率及其所具有的不确定性，年轻的时候才更应购买意外伤害保险。保险是分摊意外事故损失的一种财务安排，它具有"一人为

人闲钱不闲
你不理财财不理你

众、众为一人"的互助特性，尽管意外事故发生给人们带来的是各种各样的灾难，但如果投保了一定保额的意外险，这份保障至少可以使受难者及家属在经济上得到相当的援助，在精神上给予一定程度的安慰。

（2）年轻人没必要买健康医疗保险。

有的年轻人倒是愿意买意外险，但对买健康保险非常排斥，总觉得："我这么年轻能得什么大病？小病自己应付应付就过去了。"

但实际上，在单身期不提倡年轻人买健康保险，并不是因为年轻人不适合买这个产品而是考虑到经济因素。如果有预算，年轻人趁着年轻、费率低买一份消费型的健康保险其实是对自己很好的保障。如果预算充分，先买好一部分的终身医疗也不为过，最多以后再加保。

而且，年轻人在买意外险时一定要附加意外医疗，因为年轻人精力旺盛，户外活动多，很容易弄点小意外伤害，而且年轻人社保中对门急诊的保障程度又低，商业保险能对此作补充。

（3）买保险不如做投资挣钱。

年轻人基本没有家庭负担，承受风险的能力较强，因此可以采用一些比较大胆的投资方式。但是这并不意味着年轻人要因此排斥一切保险。

年轻人可以不用购买储蓄性质的保险，但高保障型的产品必须稍作计划，只要每年缴纳的保费是在合理的收入比例范围内，它对你的整体投资计划是不会有什么影响的，相反它还能为风险投资保驾护航。

三、家庭成长期间不爱惜自己

家庭成长期，财富的积累还起步不久，却又有了家庭和孩子的负累。新买住房要还月供，大宗家居用品尚需添置，到处都是需要用钱去"堵枪眼"的地方。此时此刻，夫妻双方可能在保险上有些"气短"，不愿意给自己买保险增加支出。

（1）我经济负担比较重，没有闲钱买保险。

但对于有家庭负担的人而言，保险不是奢侈品，而更像是必需品。没有对自己意外伤害、重大疾病和收入能力的保障，就根本不可能保护好自己的家庭。宁可在别的地方省出一点来，也要安排好保障。

但是，经济成本毕竟是需要考虑的，所以处在家庭成长期，预算比较拮据的家庭可以选择一些没有现金价值的产品，并根据您的实际投保需要，保费就会比较便宜。

（2）孩子重要，买保险先给孩子买。

"买保险，先要给孩子买"的说法并不科学，其实买保险应该让家庭支柱优先。关于这样的认识误区，本书已多次阐述，前文中也有所涉及，在此不再赘述。

四、家庭成熟期后走向两个极端

到了家庭成熟期，以下两个保险消费的误区比较明显。

（1）有钱可以替代保险。

到了家庭成熟期，家庭财富已经积累到最高点，认为自己有能力应付生活中可能发生的一些财务困难，尤其对于从未有理赔经历的"有钱人"而言，可能会产生"保险无用论"的想法。

但是，积累财富不容易，为什么要把所有的重任都往自己肩上扛呢？比如一次重病需要 100000 元，虽然你的财力负担没有问题。但是，如果买了保险，很可能只用 10000 元就能解决问题，为什么不留住你的 90000 元呢？

相比于针对大多数人的"保障作用"，对于有钱的人，保险的主要作用是保全其已拥有的财产。

（2）保险买得越多越好。

特别看重家庭的人，在家庭成熟期可能还会走向另一个极端，就是特别喜欢买保险，认为"保险买得越多越好"。

购买越多的保险，同时也就意味着将要缴纳越来越多的保费。一旦自己的收入减少，难以缴纳高额保费的时候，将面临进退两难的尴尬境地。理性的行为应当是，根据自己的年龄、职业、收入等实际情况，力所能及地适当购买保险。投保的费用最好是自己收入的 10% 左右为宜。

而且，类似医疗费用保险等产品由于采用了保险的补偿原则，需要有报销的凭证，因此即使你买了多份，也不能超出自己支出的范围来报销，等于是浪费了保费。

五、跟风买保险

跟风买保险，是各个阶段的人们都易犯的毛病。

市场上流行万能险，几乎所有的公司都推出了形态各异的万能险，广告宣传得很厉害。但保险不是时装，不是一个"买流行"的消费领域，千万不要跟风买保险。

第一步先要了解自己有没有这方面保险的需求，进而才去考虑要不要买这类保险。并不是适合别人的产品，就肯定适合自己。万能险对家庭闲置资金的要求较高，而且最好是未来有持续稳定资金可以继续投向万能账户，对于资金有限的个人和家庭而言，万能产品并不适合，不如花小钱去买保障性更高的产品。

以前分红产品、投连产品"出道"时，都出现过"追捧"的热潮，仿佛一夜之间全民都在购买分红险和投连险。但后来的事实证明，大多数人都做了不正确的选择，"跟风"使得很多人遭受了经济上的损失。所以，保险消费一定要按需稳扎稳打，要把它当作家庭的"大宗耐用消费品"精心选择，切忌盲目跟风。

【理财圣经】

当买保险成为人们常规的资产保值增值手段后，不少投资人却无意间陷入了保险误区，使自己的理财效果大打折扣。因此，以上五大保险误区应注意规避。

第五章

黄金投资，让你的资产保值增值

黄金投资的品种

黄金藏品虽然样式繁多，但是归根结底只有五大类即金块、金条、金币、金饰品和纸黄金。其中，纸黄金实际上是由银行办理的一种账面上的虚拟黄金。接下来，就让我们按照顺序介绍一下黄金投资中的各个成员。

一、实物金

实物黄金买卖包括金条、金币和金饰品等交易，以持有黄金作为投资。一般的金饰品买入及卖出价的差额较大，视作投资并不适宜，金条及金币由于不涉及其他成本，是实金投资的最佳选择。

实物黄金投资额较高，实质回报率虽与其他方法相同，但涉及的金额一定会较低——因为投资的资金不会发挥杠杆效应，而且只可以在金价上升之时才可以获利。需要注意的是持有黄金并不会产生利息收益。如不提取实金，银行可代为托管，但是购买和回购成本较高，还有一些银行则不能回购。专业的黄金投资公司回购比较方便，但一般只受理该公司出售的黄金回购业务。因此投资实物黄金还有个缺点是需要支付储藏和回购费用。

二、纸黄金

"纸黄金"交易没有实金介入，是一种由银行提供的服务，以贵金属为单位的户口，投资人无须透过实物的买卖及交收而采用记账方式来投资黄金，由于不涉及实金的交收，交易成本可以更低；值得留意的是，虽然它可以等同持有黄金，但是户口内的"黄金"一般不可以换回实物，如想提取实物，只有补足足额资金后，才能换取。"中华纸金"是采用3%保证金、双向式的交易品种，是直接投资于黄金的工具中较为稳健的一种。

三、黄金保证金

黄金保证金交易是指在黄金买卖业务中，市场参与者不需对所交易的黄金进行全额资金划拨，只需按照黄金交易总额支付一定比例的价款，作为黄金实物交收时的履约保证。目前的世界黄金交易中，既有黄金期货保证金交易，也有黄金现货保证金交易。

四、黄金期货

一般而言，黄金期货的购买、销售者，都在合同到期日前出售和购回与先前合同相同数量的合约，也就是平仓，无须真正交割实金。每笔交易所得利润或亏损，等于两笔相反方向合约买卖差额。这种买卖方式，才是人们通常所称的"炒金"。黄金期货合约交易只需 10% 左右交易额的定金作为投资成本，具有较大的杠杆性，少量资金推动大额交易。所以，黄金期货买卖又称"定金交易"。

五、黄金期权

期权是买卖双方在未来约定的价位，具有购买一定数量标的的权利而非义务。如果价格走势对期权买卖者有利，会行使其权利而获利。如果价格走势对其不利，则放弃购买的权利，损失只有当时购买期权时的费用。由于黄金期权买卖投资战术比较多并且复杂，不易掌握，目前世界上黄金期权市场不太多。

六、黄金股票

所谓黄金股票，就是金矿公司向社会公开发行的上市或不上市的股票，所以又可以称为金矿公司股票。由于买卖黄金股票不仅是投资金矿公司，而且还间接投资黄金，因此这种投资行为比单纯的黄金买卖或股票买卖更为复杂。投资人不仅要关注金矿公司的经营状况，还要对黄金市场价格走势进行分析。

七、黄金基金

黄金基金是黄金投资共同基金的简称，所谓黄金投资共同基金，就是由基金发起人组织成立，由投资人出资认购，基金管理公司负责具体的投资操作，专门以黄金或黄金类衍生交易品种作为投资媒体的一种共同基金。由专家组成的投资委员会管理。黄金基金的投资风险较小，收益比较稳定，与我们熟知的证券投资基金有相同特点。

"金"家姐妹，各有所长，理财者定要在挑选投资目标时仔细辨别。

黄金投资应遵循的四大原则

当黄金成为家庭理财中的重要工具时，作为一名理性的投资人，你还要注意投资黄金的一些原则，具体如下：

一、合理的投资组合和比例

通常情况下，黄金价格比较稳定，投资组合中若能加入适当比例的黄金，可以较大程度地分散风险，抵御资产大幅缩水。而且投资黄金与投资其他资产并不冲突，相反能够相互配合。若只是投资黄金，也有不可避免的风险。所以采取组合操作便是利用黄金价值的相对稳定性及其在特定情况下与其他资产价格的负相关性，减小或者对冲风险。

理财专家认为，最好的投资组合为：现金＋国债＋房产＋黄金。一般在投资组合里，黄金占到10%～20%即可。在这里要提醒各位的是，资产组合及比例完全可以根据自身的资产状况做适当的增减，没必要拘泥于一个数字。为此，投资人在平时应对影响黄金价格的多方面因素都予以关注，以更好地规避风险。

二、掌握黄金价格变化规律

黄金既然是一种实物商品，它就有商品的性质——有价值，

初级黄金投资者的三大法则

选择适合自己的黄金投资方式

黄金理财方式丰富，相对于股票、国债、基金等传统投资品种，黄金理财对大多数投资者仍然陌生，一定要选择合适的投资方式。

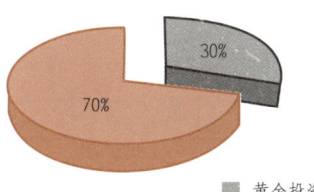

■ 黄金投资
■ 其他用途

控制黄金投资的比例

黄金对于普通投资者，最好的定位应该是一种财产分配方式，一般控制在家庭资产的 30% 以内为宜。

黄金投资，同样戒"贪"

黄金市场波动大，暴涨暴跌时有发生，价格泡沫时隐时现，所以期望"炒金"一夜暴富，将带来极大风险，所以黄金投资同样戒"贪"。

而价值是决定黄金价格的基础。可能由于市场上供需的变化，价格就会有所变动，但是终归是围绕其价值上下波动。而且，即便有所偏离也是有一个幅度范围的。所以黄金的价格多呈现反复波动。对此，投资人只要合理安排自己的持仓数量和持仓结构，注意操作策略，这其中的风险很容易规避。

三、顺势投资

要在黄金期货的风险市场中获利，最要紧的是看清方向，利用概率及时止损，同时要正确分配资金。

同其他投资项目一样，在黄金市场上最好也是顺势投资。在市场趋势上涨时做多，在市场趋势下跌时做空。在价格上升的过程中，除了在金价上升到最顶端要转势之时，你都可以进行投资；而在价格下跌的过程中，还是保守些比较稳妥。

四、随时分析

做过其他项目的投资人多少懂一些技术分析方法，而这些常规的技术分析在黄金投资中也很适用。每当你遇到相关金融产品价格变化时，比如美元、石油的价格变化，可能会影响到黄金价格的变化，所以要注意分析，以最后评定黄金价格的变化。一般美元与黄金的价格变化呈现负相关关系，即美元上涨，黄金下跌；美元下跌，黄金上涨。而石油通常与黄金呈现正相关关系，即石油上涨，黄金上涨；石油下跌，黄金下跌。

【理财圣经】

理性的投资人不会仅仅沉迷于黄金的魅力，还会遵循投资黄金的原则。

预测黄金价格的三大方法

对于黄金投资人而言，最关心的问题莫过于黄金价格了。对价格的准确判断是赢利的基础，然而黄金是兼具商品和货币双重属性的特殊产品，它的价格走势有什么特点，其价格又如何准确预测？

在介绍预测黄金价格的方法之前，可以先总结一下多年来黄金价格走势的基本特点，这样才能对预测黄金价格的方法会有一些较好的理解和把握。目前我们公认的黄金价格走势特点为：

首先，从超长时段来看，黄金价格基本上是持续上涨的。这个特点主要源于黄金与信用货币的各自特性决定了以信用货币标记的黄金价格长期来看必然上涨。另外1944年布雷顿森林体系建立后，以美国为首的西方国家纷纷采用了以信用泡沫刺激经济增长和作为配置资源的手段，从而导致了在第二次世界大战后国际经济体系内累积的信用泡沫越来越多，进一步加大了黄金价格上涨的内在动力。

其次，趋势一旦形成，则多年不会逆转。黄金可以说是世界货币，其美元价格的长周期变化趋势反映了世界地缘政治格局和国际经济、世界货币体系的重大变化，而这种内在决定因素的变化往往是长周期的，一旦发生变化，则将延续多年。黄金价格机制的上述特点直接决定了黄金价格走势的特点，即黄金价格的趋势一旦形成，则在相当长的时间内都不会变化。突发事件影响较大，一般情况下单位时间内的波幅较小。

再次，黄金价格对重大事件会提前反映。黄金价格的转折或重大变化往往能够对重大地缘政治事件、国际经济金融事件的发生作出提前反映。

根据这些年来黄金的历史趋势，可以总结出黄金的预测方法：

一、根据供需变化预测

众所周知，把握供需平衡点是预测金价的利器，了解黄金的供需情况就能把握黄金的特点，进而掌握金价的走向。

从黄金的商品属性来看，近年来国际黄金的供给（矿产金和再生金）保持在 3300 吨左右，制造用金（包括首饰需求）的需求为 3700 吨，由于矿产金有 7 ~ 8 年的投资周期，所以金价上涨的刺激很难在短期内促使国际矿产黄金的供给增加，对黄金的需求也比较稳定。

供需间的缺口则由官方售金和投资需求来填补，投资需求受金价的影响很大，受到黄金非货币化进程的影响，近年来，官方售金成为一股不受金价影响的决定性力量。

例如，1999 年，当金价在 270 美元 / 盎司的低谷时，英国等国大量抛出黄金储备；而在 2002 年、2003 年金价开始上升时，很多国家又反过来增加了黄金储备；又如"华盛顿协议"后欧洲各国每年 400 吨稳定的抛售量等。

由此可以看出，决定黄金基本面变化的因素主要是官方对黄金储备的态度，这取决于黄金货币职能的强弱，它在不同历史时期的表现不同。就像当前国际货币体系不稳定，黄金的货币职能就强些，官方减少售金量，需大于求，金价不断上涨。

对供需的预测能使我们很好地把握金价的长期走势，更能运用在对黄金企业股票的预测上。例如，在上海证券交易所上市的山东黄金（600547）股票，行业特点决定了其每年的产金成本和产量变化不会很大，那么，山东黄金提高每股收益的途径只有两个：一是等待金价上涨，通过计算可以得知，目前的产能金价每上涨 10 元，山东黄金的每股收益就能提高 0.18 元，所以，根据每季度的平均金价，基本上就能预测山东黄金的季报结果；二是通过收购金矿迅速提高产量，如已经收购了焦家金矿，准备收购玲珑等矿。如果这两个因素有很大变化，山东黄金的投资价值无疑将更上一层楼。

二、根据美元走势预测

美元走势和金价息息相关，从 1986 ~ 2006 年黄金与美元的走势，可以直观地看到美元跌的时候黄金在涨，而黄金跌的时候美元则往往处于高位。

美元为什么能影响金价？为何美元能如此影响金价呢？主要有三个原因：

第一，美元是当前国际货币体系的柱石，美元和黄金同为最重要的储备资产，如果美元坚挺和稳定，就会降低黄金作为储备资产和保值功能的地位。

第二，当时美国 GDP 占世界 GDP 总量的 20％以上，对外贸易总额名列世界第一，国际经济深受其影响。

影响黄金价格的三大因素

作为投资者，应尽可能的了解影响黄金供给的因素，以达到合理进行投资的目的。其主要因素包括以下三个方面：

原油市场价格波动

原油、美元和黄金一起并称为"三金"，从历史经验看，黄金和原油的价格具有正相关性，即两者价格变动具有同向性。

金融危机下，还是投资黄金比较靠谱呀！

金价走势图

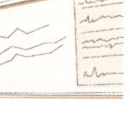

国际金融市场稳定程度

黄金在金融危机中发挥了资金避难所的功能。而在金融体系稳定的情况下，黄金价格则容易下跌。

商品市场价格趋势

商品市场的x价格趋势对金价有很重要的影响，鉴于黄金的商品属性，分析和跟踪商品价格趋势就成为了投资者必须面对和解决的问题。

第三，国际黄金市场一般都以美元标价，美元贬值势必会导致金价上涨。比如，20世纪末金价走入低谷时，人们纷纷抛出黄金，这与美国经济连续100个月保持增长、美元坚挺关系密切。

三、根据黄金生产成本预测

"商品的价值取决于凝结其上的一般劳动价值。"也就是说，价格不会大幅度偏离商品的成本，成本可以挤掉价格的泡沫，以便更好地看清商品的本质。

黄金的平均生产成本是290美元/盎司，南非的优质高技术矿产企业的成本更低些，生产商通过对冲交易，可以把短期黄金的最低净生产成本降到250美元/盎司左右。该生产成本与目前的金价比较，金价是否过高呢？其实并没有过高，黄金和石油一样是资源性商品，矿储量是有限的。当政治局势动荡不安时，人们更能体会到石油和黄金的价值，黄金的成本溢价会更高。

2001年，金价跌入最低谷，全年平均金价只有271美元/盎司，也就是说，其低于大多数生产商的生产净成本，生产黄金越多越亏损。这是一种极其不合理的现象，但这却是个绝好的投资机会。当所有的不好消息都出现之后，特别是那年还出现了"9·11"事件，但这恰好成为了黄金市场走向牛市的开始。运用成本预测法，往往可以提前预知这样的行情。

由于观察黄金价格的角度不同，基于不同的逻辑，黄金价格预测有以下几类方法：其一，以黄金属性和黄金价格形成机制为起点的预测方法。其二，基于黄金普通商品属性的供求分析方法。其三，基于经济因素的基本分析方法。其四，基于价格走势的技术分析、时间序列分析神经网络分析方法。其五，基于历史价格走势和相应影响因素相互关系的统计模型分析方法。上述五种方法，以黄金属性和黄金价格形成机制为起点的预测方法考虑到了不同条件和背景下黄金价格形成机制的差异，能够对未来黄金价格有准确的把握，其他方法均没有充分考虑黄金价格在不同背景条件下起主导作用的属性和影响因素变化，没有区分不同背景条件下黄金价格机制的变化，因此在预测的逻辑基础上具有明显缺陷。

【理财圣经】

对于投资人理财来说，金价的涨跌深受汇率、经济形势、证券市场、通货膨胀、国际局势以及石油等主要原料价格的影响，通过对这些相关因素的判断，能较好地预测短期金价。

把握"钱途"无限的投资理念

投资理念在投资黄金中至关重要。投资人首先需要了解几种比较重要的投资理念：

一、"钟摆原理"

所谓钟摆原理，简单地讲就是任何一种资产的价格都不可能无限地上涨，也不可能无限地下跌，就如同钟摆一样终究会回归到平衡状态。偏离程度越大，反向调整的幅度也越大，反之亦然。但需要指出的是投资人往往死板运用这个原理，而在明显单

人闲钱不闲
你不理财财不你

边市势中希望抓住转势的转折点而不断进行逆市操作，因而造成巨额亏损。价格本身不会告诉投资人何时转势，只有依靠基本面的把握，同时结合技术分析中的趋势分析，顺势而为，这样才能正确运用这一理论来把握金价中长线的运行走势。

二、"水床原理"

水床的特点就是从一边按下去，另一边就是因为水的挤压而突出来。如果把水床比喻成整个金融市场，那么水床里的水就是资金流，各个金融市场之间的资金流动就表现为此消彼长的关系。资产价格是由资金来推动的，短期内金融市场的增加或减少的资金量相对于总存量来说可以忽略不计，通过分析把握不同子市场之间资金的流向来判断基金经理们的操作思路，从而把握市场中长期的走势。分析的参考指标通常包括股指、收益率曲线、CRB 指数等。当然不同市场有不同的特征属性，也决定了资金一般难以在不同属性的市场之间流动，这样我们可以将金融市场根据不同属性划分为不同的层次和范围，分别运用水床原理来进行分析。

三、"市场焦点的把握"

即市场中线的走势方向一般都是某一个市场焦点所决定的，同时市场也在不断寻找变化关注的焦点来作为炒作的材料。以2005 年的走势为例，2 月份的朝鲜和伊朗的核问题使国际局势紧张，使金价在一个月内从 410 美元迅速上扬至 447 美元的高点。之后随着美国的退让，紧张的气氛逐渐缓和，适逢美联储议息会议强调通胀压力有恶化风险，使市场焦点立即转变为美国的息口走向，金价随之从 447 美元滑落。3 月底 4 月初经过一段时间的盘整之后，一系列的美元经济指标显示高油价及利率上升已打击制造业，并使消费信心恶化，市场对美国经济降温的忧虑逐渐占据市场主导，金价从牛皮中突围上扬至 437 美元。但 5 月初，美国贸赤、零售销售和非农就业数据表现强劲，经济降温的担心一扫而空，基金多头陆续止损离市，金价再度从 437 美元滑落。5 月中旬之后，市场目光转向欧盟宪法公投，在公投失利引发欧洲政治危机的情况下，欧元拾级下跌，同时金价亦创出 413 美元的年内第二低点。

从上述可以看出，市场在不断变换关注的焦点，使金价在相应时段确认方向性的走势。当然市场焦点的转换也是在不知不觉当中完成的，不可能有一个明显的分界线，只有通过市场舆论和某些相关信息才能作出推断，而且不能排除推断错误的可能。

四、纪律至上

在决定入市之前，必须先认清自己的风险和期望回报是否对等，以此来决定目标入市价格和止损价格。特别是对于新手而言，往往在入市之后即把原先的计划忘得干干净净，或者即便记得不能严格遵守，尤其是价格即将到达其止损价时便向自己妥协，临时变动既定的止损价甚至干脆取消，结果落得巨额亏损。在瞬息万变的金融市场上如果不遵守纪律，不严格止损，是根本没有办法生存的，因为你还远没有达到在价格面前心若止水的境界。

五、市场永远是对的

投资人犯的错误往往就是在市场面前不肯认输，不肯低头，固执己见。很多人总是装作百思不得其解的模样，认为从任何角度都没有理由是这样的走势，它很快就会反弹的，因此不肯止损。越聪明的人，越容易自以为是，但是请记住，市场价格已经包含了市场的一切信息，市场永远不会错，错在于你自己。不要自以为是，不要有虚荣心，按市场给你的信息来决定行动计划，一有不对即刻认错，这才是市场的长存之道。

六、不要相信规律

任何金融工具的走势绝对不存在所谓的规律，也没有可以绝对保证获利的公式可循，否则岂不是人人成为百万富翁？相信市场走势有规律存在的心理是假定了历史会重演。许多专家经常研究以往造成涨跌的原因，而后期待只要这些原因重复出现，大势也会因此涨跌。不过在你接受任何这类说法时不妨自问，为什么成千上万的聪明人，穷数十年之精力研究，却未因此而致富？或许这样就能让自己的脑筋清醒一点，不轻易相信所谓的规律。

七、顺势而为

黄金市场作为一个全球性的市场，即使是拥有巨额资金的投机基金也无法决定市场价格，何况个人投资人？所以最明智的方法就是跟随市场趋势顺势而为，和市场对博无异于是螳臂当车，自不量力。人性使然，一般的投资人不愿意相信价格会涨或跌到某个价位，因此不敢追涨或追跌，而在稍微出现一点回调迹象的时候即迫不及待地入市以博取蝇头小利。如果一旦出现亏损便不肯止损，更有甚者为了摊开均价而不断泥足深陷不可自拔。

【理财圣经】

在黄金投资中，投资理念对投资是否成功有着很大的影响，掌握科学的投资理念，是每个黄金投资人的必备常识。

新手"炒金"注意事项

伴随着黄金市场的再次走俏，"金市"里又多了一批满怀致富热情的新手。而新手投资黄金，该注意哪些事项呢？

一、制订详细计划

"凡事预则立，不预则废"，这是千百年来被验证的真理，而在黄金投资中，你理应在开始投资前，做出一份切实可行的投资计划。在这份计划书中，应当包括你个人的财产情况、家庭情况、投资目标（期望能获得多大回报），选择什么投资产品，按照什么步骤来执行，如何来不断检查、完善你的计划，等等。你要充分结合自己的理财特点和风格来拟订这份计划，以使它更加贴切你的情况。

二、选择好的金商

在制订出好的投资计划之后，就该是好的金商上场了。在市面上，有琳琅满目的黄金投资产品，它们都是由不同的珠宝机构或者银行提供的服务项目。种类繁多，令人目不暇接。那么，你该如何选择？

你可注意以下"三比"。

（1）比实力。实力大小是评估金商的一个重要标准。实力雄厚、知名度高的商业银行和黄金珠宝公司的产品和服务都很受大众青睐，而由于其有足够的资金做后盾，也比较值得信赖。

（2）比信誉。信誉好不好，在商场上几乎决定了一个生意人的成败。诚信是每个经营者都应当提倡的，而这也是一条普通的商业规则。如果金商的信誉度不高，还是淘汰掉比较好，以免有后患。

（3）比服务。很多情况下，投资人不会太在意金商的服务。往往只要质量好，金商的态度或者售后服务不好也可以迁就一下。可是，在购买后真出现了问题，你能得到应有的对待么？所以，你最好心里有个底，留意一下金商的服务机构、所做的售后承诺以及服务的执行情况。

三、学习相关知识

"磨刀不误砍柴工"，投资人不妨在正式开始黄金投资之前，努力学习一下黄金投资方面的知识。仔细阅读一些专业文章，会让你在投资的时候更加得心应手。

学习这些知识的途径不外乎四种：从书本和有关文章中学习；从网站搜索各种资源学习；向先入行的投资人学习；在实践中学习。

四、做好心理准备

一个投资人如果没有做好心理准备，不可能投资成功，因此

新手"炒金"需要遵循四大原则

止损原则

止损可以说是短线操作的法宝。与其被动套牢，不如主动止损，暂时认赔出局观望。

趋势原则

在买入之前，首先应对行情的运行趋势有个明确的判断。

风险原则

作为投资者，应随时具有风险意识，并尽可能地将风险降至最低程度，而进场时机的把握是控制风险的第一步，也是重要的一步。

分批原则

在没有十足把握的情况下，投资者可采取分批买入和分散买入的方法，这样可以大大降低买入的风险。

110

人闲钱不闲
你不理财财不理你

炒金人也要在事先有所准备。黄金市场上也有一定风险，投资人一定要正确面对。为了能让你的心里更有底气，你可以常常浏览国内和国外的时政，也可以多了解一些影响金价的政治因素、经济因素、市场因素等，进而相对准确地分析金价走势，从而做到在面对风险时能镇定自若。

五、选购黄金藏品

黄金藏品大都珍贵而精致，所以在具有其本身价值，还兼具文化、纪念和收藏价值。倘若你能在众多黄金制品中挑到成色好、样式新颖，并且极具纪念和收藏价值的金品，你就能投资成功。所以选购好的黄金藏品，也是投资的重中之重。

【理财圣经】

黄金投资，投入的不仅仅是热情，还有你的财富，因此投资人尤其是投资新手应多加注意。

纸黄金投资宜"放长线钓大鱼"

随着国内黄金市场逐步开放，个人黄金投资品种先后出台，给普通投资人提供了更多的投资选择，人们开始关注起黄金这个新兴的投资品种。纸黄金作为投资理财的一个重要组成部分，从其资产的安全性、流动性考虑，纳入整个家庭理财的投资组合中，不失为一种理智的选择。

纸黄金是一种个人凭证式黄金，投资人按银行报价在账面上买卖"虚拟"黄金。投资人的买卖交易记录只在个人预先开立的"黄金存折账户"上体现，不发生实物金的提取和交割。

透过纸黄金的概念我们可以了解到：

（1）其为记账式黄金，不仅为投资人省去了存储成本，也为投资人的变现提供了便利。投资真金购买之后需要操心保存、存储；需要变现之时，又有鉴别是否为真金的成本。而纸黄金采用记账方式，用国际金价以及由此换算来的人民币标价，省去了投资真金的不便。

（2）纸黄金与国际金价挂钩，采取 24 小时不间断交易模式。国内夜晚，正好对应着欧美的白日，即黄金价格波动最大之时，为上班族的理财提供了充沛的时间。从价格上看，纸黄金更为敏感，当国际金价上涨或下跌时，纸黄金能随时反映这种变化。

（3）纸黄金提供了美元金和人民币金两种交易模式，为外币和人民币的理财都提供了相应的机会。同时，纸黄金采用 T+0 的交割方式，当时购买，当时到账，便于做日内交易，比国内股票市场多了更多的短线操作机会。

美元的弱势会越来越明显，很多经济体都会增加外储中的黄金比例；同时，机构和个人为对抗通货膨胀，必然形成对黄金等贵金属的大量需求。因此，全球黄金牛市到来的可能性是比较大的，而且正由于相同的原因，也很可能持续下去。因此，对美元与美国经济的消息面应当进行重点关注。长期持有纸黄金，依现在的形势是不错的选择。

另外，目前国内银行的纸黄金投资点差较高，投资人选择做中长线比较有利，正常情况下中长线行情 1 ～ 3 个月一次，波动幅度每克都在 10 ～ 20 元以上，有时候会超过 40 元。如果能够在低位或相对低位买进都会有比较好的收获，一年做好一到两波较大的行情就有丰厚回报。也就是说，纸黄金适合长线操作。

纸黄金就是个人记账式黄金，您可以通过把握市场走势低买高抛，赚取差价。但是，黄金市场风云变幻，金价走势受供求、政治、经济、技术和心理等诸多因素影响。有时大起大落，风高浪急。有时多空胶着，波澜不兴。那么如何在金市中树立正确的投资理念？如何把握准确的买卖时机呢？如何才能长期稳定地获利呢？建议从以下五个方面入手。

第一，风险控制是第一位的。股神巴菲特曾经说过一句广为流传的话"规避风险，保住本金"，这是巴菲特几十年来最为精辟的总结之一。对投资人来说，最重要的事情永远是保住资本，风险控制强调到什么程度也不过分。因为本金没有了，在市场翻身的机会也就没有了。就像打仗首先需要子弹一样，战场上官兵希望用自己仅有的子弹打死更多的敌人，然后再从敌人那里缴获更多的子弹，如此反复才能获取最后的胜利；在没有把握取胜时首先保存实力，节省弹药，寻找有利于自己的战机，一旦机会来临便主动出击，取得胜利。所以你在纸黄金投资中，应在追涨的行情中一定要注意止损，这是有效的风险控制手段。

第二，积小胜为大胜。黄金投资理财好比是一座金山，里面蕴藏着数不尽的财富。我们不可能把它的财富在一朝一夕都收入囊中。古人云："不以善小而不为，不以恶小而为之。"我们把它搬到理财中，可以理解为不要太贪，分批入场。在市场波动中有70%左右的时间都是震荡的，只有30%左右的时间是单边上冲或者下跌，那么积小胜为大胜就是长久立足的制胜法宝。进场和补仓的时候仓位要小，虽然利润少点，但积小胜为大胜，才是常胜。在炒金生涯中，我们都应坚持这样的投资理念：炒金最重要的不是一次能够赚取多少，而是能不能稳定地获利，长久地立足生存。

第三，减少无谓的交易。巴菲特曾讲过："钱在这里从活跃的投资人流向有耐心的投资人。许多精力旺盛的有进取心投资人的财富渐渐消失。"其实不管你的理财理念怎样，这句话都适用。减少无谓的交易不等于我们平时就不交易，也不是说减少了无谓交易我们就必然能抓住有价值的操作机会。关键是我们每次交易一定要慎重考虑，设定止赢、止损线。了解市场目前是否具有好的进场点位等。适当的交易是与市场保持联系的重要手段，这有助于投资人的操作尽量与市场趋势靠近，减少失误。

第四，资金管理很关键。纸黄金投资由于点差较大，一般考虑作中长线投资较好，不适合短线的频繁操作，那么资金管理就非常重要了。可以考虑把一部分资金，比如40%～60%的资金用作中长线投资，在实金买盘淡季的时候逐步建仓。而剩下的资金就可以考虑做一些短线操作，进场的时候也不宜一次满仓进入，可以考虑分批进场，有效降低市场风险。

第五，交易心理的控制。疾风知劲草，烈火炼真金。人的性格中的贪婪、恐惧、犹豫、果断、勇敢、谨慎、从众等在市场的交易中暴露无遗。一定程度上来说，赢利是对你交易过程中性格优点的奖赏，亏损是对你交易过程中性格缺点的惩罚。技术上好学，心理关难过。人的本性在市场的涨涨跌跌中一个个显现出来，控制好自己的心理，认清人的本性，站在大多数人的对面，市场中你就已经赢了一半。

从上面的分析，可以看出，纸黄金适合放长线钓大鱼。

【理财圣经】

当前形势下，比起短线炒作来说，纸黄金投资的长线价值更应受到关注。

第六章

外汇是桩大买卖：真正的以钱赚钱

外汇投资：获取财富的新工具

外汇，英文名称 Foreign Exchange，它指的是外币或以外币表示的用于国际间债权债务结算的各种支付手段。

根据 IMF 的定义，我国对外汇作了更为明确的规定。《中华人民共和国外汇管理暂行条例》第二条对外汇规定如下：

外汇是指外国货币，包括钞票、铸币等；外币有价证券，包括政府公债、国库券、公司债券、股票、息票等；外币支付凭证，包括票据、银行存款凭证、邮电储蓄凭证；其他外汇资金。

近年来，随着经济的进一步发展，投资外汇成了我们投资理财的一个有效途径。

在外汇交易中，一般存在这样几种交易方式：即期外汇交易、远期外汇交易、外汇期货交易、外汇期权交易。

人闲钱不闲
你不理财财不理你

一、即期外汇交易

即期外汇交易又称为现货交易或现期交易，是指外汇买卖成交后，交易双方于当天或两个交易日内办理交割手续的一种交易行为。即期外汇交易是外汇市场上最常用的一种交易方式，即期外汇交易占外汇交易总额的大部分。主要是因为即期外汇买卖不但可以满足买方临时性的付款需要，也可以帮助买卖双方调整外汇头寸的货币比例，以避免外汇汇率风险。

二、远期外汇交易

远期外汇交易是指市场交易主体在成交后，按照远期合同规定，在未来（一般在成交日后的 3 个营业日之后）按规定的日期交易的外汇交易。远期外汇交易是有效的外汇市场中必不可少的组成部分。20 世纪 70 年代初期，国际范围内的汇率体制从固定汇率为主导转向以浮动汇率为主，汇率波动加剧，金融市场蓬勃发展，从而推动了远期外汇市场的发展。

三、外汇期货交易

随着期货交易市场的发展，原来作为商品交易媒体的货币（外汇）也成为期货交易的对象。外汇期货交易就是指外汇买卖双方于将来时间（未来某日），以在有组织的交易所内公开叫价（类似于拍卖）确定的价格，买入或卖出某一标准数量的特定货币的交易活动

四、外汇期权交易

外汇期权常被视为一种有效的避险工具，因为它可以消除贬

值风险以保留潜在的获利可能。在上面我们介绍远期外汇交易，其外汇的交割可以是特定的日期（如5月1日），也可以是特定期间（如5月1日至5月31日）。但是，这两种方式双方都有义务进行全额的交割。外汇期权是指交易的一方（期权的持有者）拥有合约的权利，并可以决定是否执行（交割）合约。如果愿意的话，合约的买方（持有者）可以听任期权到期而不进行交割。卖方毫无权利决定合同是否交割。

目前，我国使用最多的还是个人外汇买卖业务，就是委托有外汇经营权的银行，参照国际金融市场现时汇率，把一种外币买卖成另一种外币的业务，利用汇率的波动，低买高卖，从中获利。

凡持有本人身份证，并在有外汇经营权的银行开立个人外币存款账户或持有外钞的个人，都可以在有外汇经营权的银行委托其办理买卖业务。个人外汇买卖业务对想要手中外汇增值的投资人来说有很多妙处，不仅可以将手中持有的利息较低的外币，买卖成另一种利息较高的外币，从而增加存款利息收入，而且可以利用外汇汇率的频繁变化，赢得丰厚的汇差。

但是，投资人应该清醒地看到外汇投资往往伴随着一定的汇率及利率风险，所以必须讲究投资策略，在投资前最好制订一个简单的投资计划，做到有的放矢，避免因盲目投资造成不必要的损失。

【理财圣经】

任何东西通过比较后就会产生差别。对商品来说，有了差别

适时退出是外汇交易的制胜法宝

在进行外汇投资时，尽管需要考虑许多关键因素，但核心问题始终是在什么情况下退出已经进入的交易，这是外汇投资能否获益的制胜法宝。那么，怎么才能做到适时退出呢？

就会产生差价，而有差价就有获利的空间。货币同样如此，外汇投资就是获取不同货币之间的差价。近年来，随着经济的进一步发展，投资外汇成了造就百万富翁的有效途径。

炒外汇需要做哪些准备

随着国际化进程的加快，外汇投资成为我国新的投资热点。近年来，个人外汇投资产品也是层出不穷。当然，市场上各种外汇投资产品的收益和风险高低不同，产品期限、结构和门槛也各自相异。但是，作为投资人应该清醒地看到外汇投资往往伴随着一定的汇率及利率风险，所以必须讲究投资策略，在投资前最好制订一个简单的投资计划，做到有的放矢，避免因盲目投资造成不必要的损失。

一、了解个人的投资需求及风险承受能力

不同的外汇投资人有不同的投资需求及风险承受能力。比如，一些人资本雄厚，他的外汇主要用于投资升值，风险承受能力较强；另一些人资本较少，因此他虽然也进行外汇投资，但厌恶风险，将保本作为投资底线；也有部分人持有外汇，可能在未来有诸如留学、境外旅游、境外考试等其他用途，不但风险承受能力有限，连投资期限也有一定限制。因此，作为投资人只有充分了解自己的投资需求和风险承受能力，才能够选择适合自己的外汇投资产品。

二、投资人应根据个人实际制定符合自己的投资策略

投资人在明确了个人的投资需求后，就可依据自己的投资预期目标来制定投资策略。投资升值需求强烈、风险承受能力强的投资人，可将部分资金用于外汇买卖或投资于风险较大、投资回

制订外汇投资计划的注意事项

进行外汇投资时，制订投资计划是确保外汇交易成功的关键，因此，要特别注意以下事项：

我们要为孩子将来留学多准备点外汇。

一是制订计划的首要前提必须要明确目的，目的有"长线与短线之分、投机与投资之分"。

你的外汇投资计划很明确，只要坚持下去，肯定能大赚一笔的。

二是制订计划所依赖的依据一定要准确，不可猜测。在此依据有效时，应坚持计划并完善它，不要因为心态原因改变计划的最后实现。

报率较高的外汇投资产品，并配合一些保本型投资以控制风险；而那些风险承受能力较差或是以保值为主要目的的投资人，则可将大部分资金投资于一些保本型的投资产品。

通常，投资人可进行适当的分散投资，分别投资不同类型的投资产品，或是不同的币种，从而有效地分散投资风险。各种投资产品或外汇币种的比重则可根据自己的偏好来决定。但是，资金薄弱的投资人是很难进行分散投资的，在这种情况下，选择一种最佳的投资产品就显得尤为重要。

三、投资人要充分了解投资产品的结构

投资人要做到赢利，就需要在最合适的时机，选择最合适的投资产品。因此，投资人不仅应该对国际金融市场有一个基本的认识，还应对各种投资产品的结构特性有一个全面的了解。比如，当投资人预测到某一货币将持续走强，那么就可以通过外汇宝买入该货币，也可以投资与该货币汇率挂钩的投资产品以提高存款收益；在利率缓步上扬的市场中，投资人可以考虑投资收益递增型或是利率区间型投资产品；而在利率稳定或逐步下降的市场环境下，与投资利率反向挂钩型产品则可以为投资人带来较高的投资收益。

【理财圣经】

有经验的投资人对于外汇投资有着这样一种深刻的体会：只要投资前认真做好准备，就一定能找到最适合自己的投资渠道，真正提高外汇投资的收益。

外汇交易的基本流程

外汇交易的基本流程包括开户、报价、交易、确认四个环节。

一、开户

外汇交易与股票交易一样，第一步必须开户。外汇实盘交易的开户程序如下：

（1）选择开户银行。

投资人可以根据个人偏好选择开户银行，也可以依据专业人士的推荐来选择。

（2）开户并存入外汇。

本人携带有效身份证明到银行开立外汇买卖账户，签署《个人实盘外汇买卖交易协议书》，存入外汇；办理网上交易和电话委托交易开户手续。

（3）确定交易策略和制订交易计划。

（4）建立日常的汇市信息来源渠道。

二、报价

开户后，要重点学会报价。

投资人可到银行大厅中直观研究，也可以在家里直接上网，这与炒股一样。外汇买卖的报价其实是两种货币的汇率，或者说是一种比率。比如说美元／日元，就是指拿美元兑换成日元，或拿日元兑换成美元的汇率。由于银行的报价是参照国际金融市场的即时汇率加上一定幅度的买卖点差报价，所以汇率变化是随着

外汇交易的准备工作

炒汇者做好交易前的准备比急匆匆地交易更加重要，外汇交易前的准备工作至少应包括以下几个方面：

一．基本准备

外汇投资

基本准备是个初步认识和了解市场的过程，也是进行交易所必不可少的过程，它包括：学习基本交易理论；了解常用的技术工具；熟悉交易品种；掌握各交易所的交易交割规则；熟悉开户、交易流程等。

二．模拟交易

进行模拟交易是对你所学习的知识的一个验证。在你不具备交易能力之前，进场实地交易一定会付出巨大的代价，所以，多做几次模拟交易可以减少和缓冲这个痛苦过程。

三．小单量交易

我先学习看看，刚刚做。

先生，怎么就投这么一点？

四．再次认识自我和市场

通过小单量交易你一定会再次重新认识自我和市场，这种重新认识是一个重要的过程，它会决定你是否应该继续交易。

小单量交易是对严格意义上的模拟交易的进一步考验，在这个阶段获利仍不能是你追求的目标，你仍处于学习阶段。

国际市场的变化而变化的。

汇率有两种标价方式：直接标价法和间接标价法。汇率又分买入价和卖出价。"买入"和"卖出"都是站在银行的角度而言的，是针对报价中的前一个币种来说，即银行买入前一个币种的价格和卖出前一个币种的价格，而站在汇民的角度就恰好相反。

汇民在报价时要记住一条基本的策略：贵买贱卖。即当你要买某种货币时，用的是这两个报价中不利于你的那个汇率，也就是比较贵的报价；当你要卖某种货币时，也要用这两个报价中利于你的那个汇率，也就是比较便宜的报价。

三、交易

客户开户后，可以自己拟订一个交易计划，对什么商品、什么价格买入或卖出应心中有数，然后便可以开始交易了。

外汇交易有很多种方式，投资人可以依据自己的情况选择一种：

（1）柜台交易、使用银行营业厅内的个人理财终端进行交易。

选择此种交易方式时，客户先通知经纪人下单。在对经纪人下达指令时，应包括买或卖商品的种类、合约数量和价格等内容。经纪人接到客户指令之后，立即通知交易所交易代表，交易代表接到通知之后，打上时间，然后通知场内经纪人。场内经纪人则通过叫价，辅以手势来彼此进行交易。

如果客户选择柜台交易或使用个人理财终端进行交易，交易时间仅限于银行正常工作日的工作时间，多为周一至周五的9：00至17：00，公休日、法定节假日及国际市场休市均无法进行交易。

（2）电话交易或互联网交易。

此种交易方式也需要通知经纪人下单，只不过是通过电话或网络来下达指令。如果客户选择电话交易或者互联网交易，一般来说交易时间将从周一8：00一直延续到周六17：00，公休日、法定节假日及国际市场休市同样不能交易。

可见，除了非要去现场感受气氛，通过电话或者互联网交易才是更佳的选择。

四、确认

客户在交易完成之后，须将个人外汇买卖申请书或委托书，连同本人身份证、存折或现金交给柜台经办员审核清点。

经办员审核无误后，将外汇买卖证实书或确认单交客户确认。成交汇率即以该确认单上的汇率为准。

客户确认了交易的汇率、买卖货币的名称、买卖金额之后签字，即为成交。成交后该笔交易不得撤销。外汇交易的流程至此也就全部完成了。

【理财圣经】

对外汇交易的具体流程有了详细的认识，然后按部就班地进行外汇交易，有助于避免交易时间的浪费。

人闲钱不闲
你不理财财不理你

外汇交易要遵循的五大原则

在外汇交易中，投资人若想顺利获得利润，应该树立正确的投资理念，遵循以下原则。

一、效益与风险共存原则

只要是投资，就会有风险，外汇投资也是如此。因此，投资人必须有驾驭风险的能力，在外汇交易中，力求保住本金，增加收益，减少损失。对风险与收益的关系有两种处理方式：一是在既定风险条件下，尽可能使投资收益最大化；二是在既定收益条件下，尽可能规避风险，把风险减小到最低程度。

汇市没有常胜将军，只有不断总结经验，规避风险，才能获得好的收益。

二、责任自负原则

外汇投资是有风险的，因此赚或赔是很正常的事。投资人个人与市场相比，犹如大海里的一滴水，有你与否，市场照常运作，市场不会因为你的加入而改变交易规则。那些投资公司的业务员和经纪人负有承揽业务、寻找客户的责任，但决定是否入市投资、何时入市、以何种方式入市都是你自己说了算，经纪人只提出自己对汇市的看法，作出最终决策的是你自己，赚了钱归自己所有，当然赔了钱你要自己负责。

三、准备充分原则

选择外汇投资，投资人应掌握外汇市场基本知识，尽可能多地占有外汇投资资料。外汇市场知识包括外汇市场运作、市场结构、买卖过程、主要外币的特点、汇市行情波动的特点等。要了解、掌握这些知识，投资人应潜心学习，从有关书籍中寻找答案，并且在投资实践中不断积累和探索。

四、精力充沛原则

外汇市场是 24 小时运作的市场，每时每刻都有外汇交易进行，一天 24 小时都有汇市行情可以观察。

有的投资人，尤其是初涉汇市者，往往怕自己离开时汇市突变，于己不利，因此昼夜守候在市场，目不转睛地盯着屏幕汇价的跳动。这种做法是很不明智的。不仅伤害自己的身体，而且会因疲劳而使自己反应迟钝，甚至还会失去理智。拥有健康的身体、充沛的精力，才能做出正确的决策，获取高回报率。

五、理智投资原则

理智投资是建立在对外汇市场客观认识的基础之上，投资人应该冷静而慎重，善于控制自己的情绪，对所要投资或已经投资的外汇要详细分析研究，既不可主观臆断，自以为是；也不可人云亦云，盲目随从，要时刻保持清醒、理智的头脑。入市之后，不妨暂离市场稍作休息，清醒一下头脑，理一理纷杂的思路。

外汇市场时刻变化，当你经过分析研究，选准时机入市后，汇市很可能暂时与你的预测背道而驰。此时，你不免开始怀疑自己的判断是否正确，再加上别人的分析与自己有异，而且言之凿凿，听起来"非常有道理"，于是你害怕起来，便于情绪冲动之下改变交易地位，变空头为多头，或变多头为空头。结果走错了方向，不盈反亏，最终后悔不已。

【理财圣经】

外汇交易虽然强调顺势而为，但并不是说投资人可以不加分析地盲目跟风。那些不遵循交易原则的人，很容易成为市场的牺牲者。

"攻"于技巧：外汇买卖的制胜之道

外汇买卖和其他事物一样，都有一定的取胜技巧。因此，投资人不妨参考一下，毕竟"磨刀不误砍柴工"，也许他们能帮你获得更多的收益。

一、利上加利

利上加利即在汇市对自己有利时追加投资以获取更大利益，但投资人必须对行情判断准确，并且信心坚定。例如，当汇市朝着预测的方向发展，且已升到你预测的某个点时，本来出手即可获利，但如果你不满足这点小小的利润，并坚信汇价还会上涨，而且也无任何表明汇价将下跌的迹象，则应加买，增加投资额。如果行情接着高涨，那么，即使不能全胜，但大胜已是确定无疑了。同样道理，当汇市明显下落的时候，也可以采用加利技巧，只不过需要改变交易位置罢了。

二、自动追加

当汇市比较平稳，没有大的波动，而只在某一轴心两边小幅度摆动，即汇市处于盘局时，便可以采用自动追加技巧。具体操作是：当你已确认汇市处于盘局时，便在最高价位卖出而在最低价位买入，如此反复操作。表面上看，这种操作似乎违背了顺势而作的原则，而且每次获利不多，但因为多次反复操作，收益积少成多，总的利润是相当可观的。

三、积极求和

当你入市后，发现市势向相反方向运动，则必须冷静，认真分析所出现的情况，不可盲目交易。如果你经过认真分析后，确认市势已经见底，不久即可反弹，便可一直追买下去。这样，等到汇价反弹时，便可以逐步获利。即使汇价反弹乏力，也可以抓住机会打个平手。

四、双管齐下

如果确认行情是上下起伏波动的，呈反复状态，则可以在汇价升到高位时追买，当汇价跌至低位时卖出，以平掉开始入市时的淡仓而套取利润，同时用再一次的高价位入市以平掉前次的追仓获得。这样不仅没有亏损，反而有利可图，这种双管齐下的技巧（即低价位时卖出而高价位时买进），实际上是以攻为守和以守为攻的技法。但运用这一技巧时必须小心，绝不可多用，因为一旦汇市趋势呈单边状况而不是反复波动，就会无法套利平仓。

五、善用停损单降低风险

在你做交易的同时应确立可容忍的亏损范围，善用停损交易，才不至于出现巨额亏损，亏损范围依账户资金情形，最好设定在账户总额的 3% ~ 10%，当亏损金额已达你的容忍限度，不要找寻借口试图孤注一掷去等待行情回转，应立即平仓，即使 5 分钟后行情真的回转，也不要感到惋惜，因为你已除去行情继续转坏、损失无限扩大的风险。你必须拟定交易策略，切记是你去控制交易，而不是让交易控制你，自己伤害自己。

【理财圣经】

以技巧取胜，让你的外汇收益丰于他人！

第七章

玩转债券：无泡沫的稳健投资

债券投资：取之于我，用之于我

有人戏称债券是理财的天堂，认为在众多的金融产品中，债券独受宠爱，是投资人眼中较为理想的投资对象，尤其是对那些厌恶风险的投资人来说，债券简直是最好的选择。

债券是国家政府、金融机构、企业等机构直接向社会借债筹措资金时，向投资人发行，并且承诺按规定利率支付利息，按约定条件偿还本金的债权债务凭证。

在众多投资工具中，债券具有极大的吸引力，投资债券主要有以下几个方面的优势：

一、安全性高

国债是国家为经济建设筹集资金而发行的，以国家税收为保证，安全可靠，到期按面额还本。债券利率波动的幅度、速度比较和缓，与其他理财工具如股票、外汇、黄金等比较风险最低，适合保守型的投资人。

二、操作弹性大

对投资人来说，手中拥有债券，当利率看跌时可坐享债券价格上涨的差价；当利率上扬时，可将手上票面利率较低的债券出售，再买进最新发行、票面利率较高的债券。若利率没有变动，仍有利息收入。

三、扩张信用的能力强

由于国债安全性高，投资人用其到银行质押贷款，其信用度远高于股票等高风险性金融资产。投资人可通过此方式，不断扩张信用，从事更大的投资。

四、变现性高

投资人若有不时之需，可以直接进入市场进行交易，买卖自由，变现性颇高。

五、可充作资金调度的工具

当投资人短期需要周转金时，可用附买回的方式，将债券暂时卖给交易商，取得资金。一般交易商要求的利率水准较银行低，且立即可拿到资金，不像银行的手续那么多。

六、可做商务保证之用

投资人持有债券，必要时可充作保证金、押标金。投资人以债券当保证金，在保证期间，仍可按票面利率计算。

基于上述种种优势，许多投资人都把目光聚集到债券身上，并且公认其为家庭投资理财的首选。

人们投资债券时，最关心的就是债券收益有多少。对于附有票面利率的债券，如果投资人从发行时就买入并持有到期，那么票面利率就是该投资人的收益。

但更多的债券投资人希望持有的债券拥有变现功能，这样持有人不仅可以获取债券的利息，还可以通过买卖赚取价差。在这种情况下，票面利率就不能精确衡量债券的收益状况。人们一般使用债券收益率这个指标来衡量债券的投资收益。

债券收益率是债券收益与其投入本金的比率，通常用年率表示。决定债券收益率的主要因素，有债券的票面利率、期限和购买价格。最基本的债券收益率计算公式为：

债券收益率＝（到期本息和－发行价格）/（发行价格 × 偿还期限）×100%

由于债券持有人可能在债券偿还期内转让债券，因此，债券的收益率还可以分为债券出售者的收益率、债券购买者的收益率和债券持有期间的收益率。各自的计算公式如下：

债券出售者的收益率＝（卖出价格－发行价格＋持有期间的利息）/（发行价格 × 持有年限）×100%

债券购买者的收益率＝（到期本息和－买入价格）/（买入价格 × 剩余期限）×100%

债券持有期间的收益率＝（卖出价格－买入价格＋持有期间

债券投资三模式

完全消极投资,即投资者购买债券的目的是储蓄,获取较稳定的投资利息。适合这类投资者投资的债券有凭证式国债、记账式国债和资信较好的企业债。

完全主动投资,即投资者投资债券的目的是获取市场波动所引起价格波动带来的收益。这类投资者采取"低买高卖"的手法进行债券买卖。

部分主动投资,即投资者购买债券的目的主要是获取利息,但同时把握价格波动的机会获取收益。这类投资者投资方法就是买入债券,并在债券价格上涨时将债券卖出获取差价收入。

的利息）/（买入价格 × 持有年限）×100%

通过这些公式，我们便很容易计算出债券的收益率，从而指导我们的债券投资决策。

【理财圣经】

在众多令人眼花缭乱的金融投资品中，债券以其风险低、收益稳定和流动性强而成为投资者心目中较为理想的投资对象，尤其对于那些年龄较大、缺乏投资经验、追求稳健的投资者来说，债券更具有吸引力。

债券投资的种类

债券的种类繁多，且随着人们对融资和证券投资的需要又不断创造出新的债券形式，在现今的金融市场上，债券的种类可按发行主体、发行区域、期限长短、利息支付方式、发行方式、有无抵押担保、是否记名、发行时间和是否可转换等分为九大类。

一、按发行主体分类

根据发行主体的不同，债券可分为政府债券、金融债券和公司债券三大类。

第一类是由政府发行的债券，称为政府债券，它的利息享受免税待遇，其中由中央政府发行的债券也称公债或国库券，其发行债券的目的都是为了弥补财政赤字或投资于大型建设项目；而由各级地方政府机构如市、县、镇等发行的债券就称为地方政府债券，其发行目的主要是为地方建设筹集资金，因此都是一些期限较长的债券。在政府债券中还有一类称为政府保证债券的，它主要是为一些市政项目及公共设施的建设筹集资金而由一些与政府有直接关系的企业、公司或金融机构发行的债券，这些债券的发行均由政府担保，但不享受中央和地方政府债券的利息免税待遇。

第二类是由银行或其他金融机构发行的债券，称之为金融债券。金融债券发行的目的一般是为了筹集长期资金，其利率也一般要高于同期银行存款利率，而且持券者需要资金时可以随时转让。

第三类是公司债券，它是由非金融性质的企业发行的债券，其发行目的是为了筹集长期建设资金。一般都有特定用途。按有关规定，企业要发行债券必须先参加信用评级，级别达到一定标准才可发行。因为企业的资信水平比不上金融机构和政府，所以公司债券的风险相对较大，因而其利率一般也较高。

二、按发行的区域分类

按发行的区域划分，债券可分为国内债券和国际债券。国内债券，就是由本国的发行主体以本国货币为单位在国内金融市场上发行的债券；国际债券则是本国的发行主体到别国或国际金融组织等以外国货币为单位在国际金融市场上发行的债券。如最近几年我国的一些公司在日本或新加坡发行的债券都可称为国际债券。由于国际债券属于国家的对外负债，所以本国的企业如到国外发债事先需征得政府主管部门的同意。

三、按期限长短分类

根据偿还期限的长短，债券可分为短期、中期和长期债券。一般的划分标准是指期限 1 年以下的为短期债券，在 10 年以上的为长期债券，而期限在 1 年到 10 年之间的为中期债券。

四、按利息的支付方式分类

根据利息的不同支付方式，债券一般分为附息债券、贴现债券和普通债券。附息债券是在它的券面上附有各期息票的中长期债券，息票的持有者可按其标明的时间期限到指定的地点按标明的利息额领取利息。息票通常以 6 个月为一期，由于它在到期时可获取利息收入，息票也是一种有价证券，因此它也可以流通、转让。贴现债券是在发行时按规定的折扣率将债券以低于面值的价格出售，在到期时持有者仍按面额领回本息，其票面价格与发行价之差即为利息；除此之外的就是普通债券，它按不低于面值的价格发行，持券者可按规定分期分批领取利息或到期后一次领回本息。

五、按发行方式分类

按照是否公开发行，债券可分为公募债券和私募债券。公募债券是指按法定手续，经证券主管机构批准在市场上公开发行的债券，其发行对象是不限定的。这种债券由于发行对象是广大的投资人，因而要求发行主体必须遵守信息公开制度，向投资人提供多种财务报表和资料，以保护投资人利益，防止欺诈行为的发生。私募债券是发行者向与其有特定关系的少数投资人为募集对象而发行的债券。该债券的发行范围很小，其投资人大多数为银行或保险公司等金融机构，它不采用公开呈报制度，债券的转让也受到一定程度的限制，流动性较差，但其利率水平一般比公募债券要高。

六、按有无抵押担保分类

债券根据其有无抵押担保，可以分为信用债券和担保债券。信用债券亦称无担保债券，是仅凭债券发行者的信用而发行的、没有抵押品作为担保的债券。一般政府债券及金融债券都为信用债券。少数信用良好的公司也可发行信用债券，但在发行时须签订信托契约，对发行者的有关行为进行约束限制，由受托的信托投资公司监督执行，以保障投资人的利益。

担保债券指以抵押财产为担保而发行的债券。具体包括：以土地、房屋、机器、设备等不动产为抵押担保品而发行的抵押公司债券、以公司的有价证券（股票和其他证券）为担保品而发行的抵押信托债券和由第三者担保偿付本息的承保债券。当债券的发行人在债券到期而不能履行还本付息义务时，债券持有者有权变卖抵押品来清偿抵付或要求担保人承担还本付息的义务。

七、按是否记名分类

根据在券面上是否记名的不同情况，可以将债券分为记名债券和无记名债券。记名债券是指在券面上注明债权人姓名，同时在发行公司的账簿上作同样登记的债券。转让记名债券时，除要交付票券外，还要在债券上背书和在公司账簿上更换债权人姓名。而无记名债券是指券面未注明债权人姓名，也不在公司账簿上登记其姓名的债券。现在市面上流通的一般都是无记名债券。

八、按发行时间分类

根据债券发行时间的先后，可以分为新发债券和既发债券。新发债券指的是新发行的债券，这种债券都规定有招募日期。既发债券指的是已经发行并交付给投资人的债券。新发债券一经交付便成为既发债券。在证券交易部门既发债券随时都可以购买，其购买价格就是当时的行市价格，且购买者还需支付手续费。

九、按是否可转换分类

按是否可转换来区分，债券又可分为可转换债券与不可转换债券。可转换债券是能按一定条件转换为其他金融工具的债券，而不可转换债券就是不能转化为其他金融工具的债券。可转换债券一般都是指的可转换公司债券，这种债券的持有者可按一定的条件根据自己的意愿将持有的债券转换成股票。

【理财圣经】

掌握债券投资的种类，有助于你合理地分析、比较各种债券的优劣，从中找到符合自己需求的债券。

人闲钱不闲
你不理财财不理你

东挑西选买债券

挑挑选选，到底要买什么样的债券，你的心里可能还没有定论。该如何挑选，利用什么样的规则挑选？

从总体上看，人们进行债券投资，看中的就是债券三大特点：相对的安全性、良好的流动性以及较高的收益性。但是，债券发行的单位不同，其他因素也不同，所以这三种特点在各种债券上的体现也不同。这就需要投资人对其进行分析，然后再根据自己的偏好和实际条件作出选择。

其实，选择债券有"三挑"，按照这三个来，肯定能挑到好债券。

一挑：安全性。

安全性总是被摆在首位，因为这也是债券的最大特点。国库券以其特有的优势——有国家财政和政府信用作为担保，而在各种债券中脱颖而出。它的安全程度非常高，几乎可以说是没有风险的。金融债券相对就略输一筹，好在金融机构财力雄厚，信用度好，所以仍有较好的保障。企业债券以企业的财产和信誉作为担保，与国家和银行相比，其风险显然要大得多。一旦企业经营管理不善而破产，投资人就有可能收不回本金。所以，想要稳定投资，国库券和金融债券都是不错的选择。

现在，国际上也流行一种对债券质量进行考察的方法，就是评定债券的资信等级。即根据发行人的历史、业务范围、财务

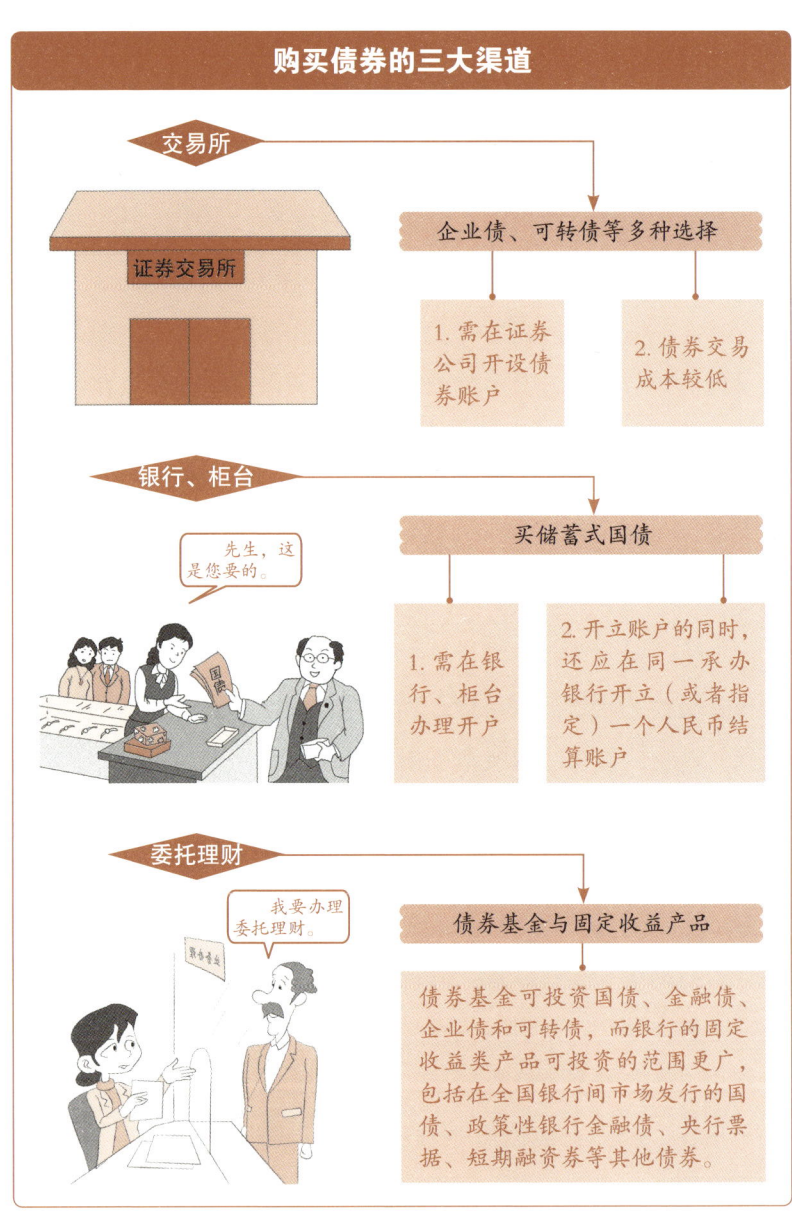

购买债券的三大渠道

交易所

证券交易所

企业债、可转债等多种选择

1. 需在证券公司开设债券账户

2. 债券交易成本较低

银行、柜台

先生，这是您要的。

买储蓄式国债

1. 需在银行、柜台办理开户

2. 开立账户的同时，还应在同一承办银行开立（或者指定）一个人民币结算账户

委托理财

我要办理委托理财。

债券基金与固定收益产品

债券基金可投资国债、金融债、企业债和可转债，而银行的固定收益类产品可投资的范围更广，包括在全国银行间市场发行的国债、政策性银行金融债、央行票据、短期融资券等其他债券。

人闲钱不闲
你不理财财不理你

状况、经营管理水平等，采用定量指标评分制结合专家评判得出结论，然后给债券划分出不同等级，以作为投资人的参考。可以说，债券的资信等级越高，表明其越安全。但这种等级评价也不是绝对的，而且有很多债券并没有评定等级，因此，购买债券最好能做到对投资对象有足够的了解，再决定是否投资。

二挑：流动性。

金融债券不流通，就等于是一堆废纸，而且其价值也就体现在流通的过程中。所以流动性的对比分析，自然是少不了的。

分析债券的流动性，要看以下两点：

第一，看债券的期限。期限越短，流动性越强；期限越长，流动性越弱。这两者之间的关系是互逆的，但是很好理解。因为，债券如果一直在流通的过程中，那它的无形损失就会减少，而如果一直处于静止状态，就很容易造成财产的隐性流失。

第二，看债券的交易量。债券交易量越大，交易越活跃，说明债券"质量"越好，等级越高，而其流动性也就越强。其实，流动性背后还隐藏着一些很重要的信息。因为如果某种债券长期不流动很可能是发行人不能按期支付利息，出现了财务上的问题。因此，进行债券投资，一定要观察流动性，尤其是以赚取买卖差价为目的的短线投资人。

三挑：收益性。

收益好不好，没有比这更值得你关注的事情了。根据投资的原理，风险与收益成正比。如果你想得到高回报，就应将钱投在风险高的债券上。而这时候，债券的选择顺序就变成了：企业债券——金融债券——国债。有的人希望风险和安全能两全，尽管这很难兼顾，但是也不妨根据自己的条件来进行比较分析，选出自己满意的收益率。

【理财圣经】

好债券，要经过"三挑"细选之后才能挑选出来。

债券投资的三大原则

在决定投资债券时，应该遵循的以下原则：

一、安全性原则

虽然投资债券是较安全的投资方式，但这是相对的，其安全性问题依然存在，因为经济环境不断变化、经营状况不尽相同，债券发行人的资信等级也不是一成不变的。就政府债券和企业债券而言，政府债券的安全性是绝对高的，企业债券的安全性远不如政府债券，仍然有违约的风险，尤其是企业经营不善甚至倒闭时，偿还全部本息的可能性不大。不过抵押债券和无抵押债券不同，有抵押品作为偿债的最后担保，其安全性就相对要高一些。可转换债券可随时转换成股票，作为公司的自有资产对公司的负债负责并承担更大的风险，安全性要高一些。

从安全性的角度出发，债券投资过程中可以运用组合投资理论来进行分散化投资，以便有效地降低投资中的风险，增加投资收益。分散化投资可以将资金分散投资在不同期限的债券上，或将资金分别投资于多种债券上，如国债、企业债券、金融债券等。

二、流动性原则

流动性原则是指收回债券本金的速度快慢。债券的流动性强意味着能够以较快的速度将债券兑换成货币，同时以货币计算的价值不受损失；反之则表明债券的流动性差。影响债券流动性的主要因素是债券的期限，期限越长流动性越弱，期限越短流动性越强。不同类型债券的流动性是不同的，如政府债券，在发行后就可以上市转让，故流动性强。企业债券的流动性往往就有很大差别，对于那些资信卓著的大公司或规模小但经营良好的公司，他们发行的债券其流动性是很强的；反之，那些规模小、经营差的公司发行的债券，流动性要差得多。除了对资信等级的考虑之外，企业债券流动性的大小在相当程度上取决于投资人在买债券之前对公司业绩的考察和评价。

三、收益性原则

获取利润就是投资人投资的目的，谁都不希望投了一笔血本后的结果是收益为零，只落得个空忙一场，当然更不愿意血本无归。

从收益上来说，短期收益率一般受市场即期利率、资金供求的影响较大，而长期收益率则要受未来经济的增长状况、通货膨胀因素、流动性溢价和未来资本回报率等不确定性因素的影响。

国家（包括地方政府）发行的债券，是以政府的税收作为担保的，具有充分安全的偿付保证，一般认为是没有风险的投资；而企业债券则存在着能否按时偿付本息的风险，作为对这种风险的报酬，企业债券的收益性必然要比政府债券高。当然，这仅仅是其名义收益的比较，实际收益率的情况还要考虑其税收成本。我国目前上市企业债券的信用等级没有拉开，因而收益率也没有拉开，但相对于国债来说，企业债券已体现了一定的信用等级差异以及相应的收益率差异，因此在投资企业债券的时候还应该注意这一点。

根据以上原则，投资人在进行债券投资前要考虑各方面因素，包括信贷评级、利率与年期之间的关系、债券价格与孳息率之关系、债券的流通性、债券的发行条款及市场宏观因素等。

在衡量有关债券投资的风险时，可参照一些国际评级机构对个别债券发行人的信贷评级。假设其他因素不变，信贷评级较高的债券所给予的孳息率一般会较低。

例如，债券的年期越长，风险越大，投资人也就会要求更高的利息回报作为弥补。假设其他因素不变，年期越长，债券的利率越高。定息债券的价格会随着市场利率升降而变动，债券价格的走势与市场孳息率背道而驰，此升彼跌。一般而言，息口变动对越迟到期的债券价格影响越大。

除此之外，在投资时，投资人还应考虑自身整体资产与负债的状况以及未来现金流的状况，达到收益性、安全性与流动性的最佳组合。

投资债券既要有所收益，又要控制风险。为了最大化投资收益，最小化投资风险，投资人应谨遵债券投资的三大原则。

债券投资中的风险

试问，在投资的一切形式里，能没有"风险"这两个字么？不能，所以，你就不要妄想投资债券能为你规避所有的风险。从某种角度看，实际上，世界上没有不存在风险的事物。

债券，作为一种金融投资工具，它的风险主要有以下几种：

一、利率风险

利率风险是指利率的变动导致债券价格与收益率发生变动的风险，这主要与国家的宏观经济调控有关系。一般利率同债券价格呈相反的运动趋势：当利率提高时，债券的价格就降低；当利率降低时，债券的价格就上升。

二、价格风险

债券市场价格常常变化，若其变化与投资人预测的不一致，那么，投资人的资本将遭到损失。这点，就是债券本身带有的风险。

三、违约风险

在企业债券的投资中，企业由于各种原因，比如管理不善、天灾人祸等，可能导致企业不能按时支付债券利息或偿还本金，而给债券投资人带来损失的风险，这就存在着不能完全履行其责任的可能。

四、通货膨胀风险

债券发行者在协议中承诺付给债券持有人的利息或本金的偿还，都是事先议定的固定金额。当通货膨胀发生时，货币的实际购买能力下降，就会造成在市场上能购买的东西相对减少，甚至有可能低于原来投资金额的购买力。

五、变现风险

变现风险是指投资人在急于转让时，无法以合理的价格卖掉债券的风险。由于投资人无法找出更合适的买主，所以就需要降低价格，以找到买主。为此他就不得不承受一部分金钱上的损失。

六、其他风险

（1）回收性风险。有回收性条款的债券，因为它常常有强制收回的可能，而这种可能又常常发生在市场利率下降、投资人按券面上的名义利率收取实际增额利息的时候，投资人的预期收益就会遭受损失。

（2）税收风险。政府对债券税收的减免或增加都会影响投资人对债券的投资收益。

（3）政策风险。指由于政策变化导致债券价格发生波动而产生的风险。例如，突然给债券实行加息和保值贴补。

【理财圣经】

债券投资须谨记：即使是在最安全的地方，也有风险。

人闲钱不闲
你不理财财不理你

如何规避债券投资中的风险？

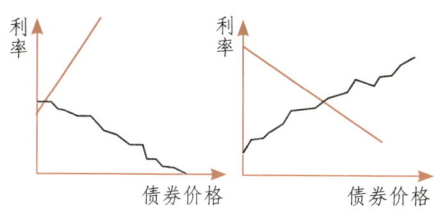

利率风险规避方法

分散债券的期限，长短期配合。如果利率上升，短期投资可以迅速的找到高收益投资机会，若利率下降，长期债券却能保持高收益。

价格风险规避方法

要规避它，投资人需要有长远的眼光和长远的谋划。

违约风险规避方法

在投资前，不妨多了解一下公司经营情况，再参看一下相关部门对企业的信用评价，然后做决策。

通货膨胀风险规避方法

对于这种风险，最好在投资国债时，也投资一些其他的理财项目，如股票、基金等。

变现风险规避方法

最好尽量选择流动性好的、交易活跃的债券，如国债等，便于得到其他人的认同，也可以在变现时更加容易。

第八章

期货：金钱冒险家的理财新宠

期货：远期的"货物"合同

在大众的投资眼中，期货买卖仍然是一片陌生的土地。正是基于这种认识，目前参与期货买卖的人只是凤毛麟角。然而具有战略眼光和洞察力的富人们，已经习惯于在这个新领域进行投资了。随着人们投资理念的日趋成熟，期货投资也会受到大众的青睐。

期货其实是期货合约的简称，是由期货交易所统一制定的一种供投资者买卖的投资工具。这个合约规定了在未来一个特定的时间和地点，参与该合约交易的人要交割一定数量的标的物。所谓的标的物，是期货合约交易的基础资产，是交割的依据或对象。标的物可以是某种商品，如铜或大豆，也可以是某个金融工具，如外汇、债券，还可以是某个金融指标，如三个月同业拆借利率或股票价格指数等。标的物的价格变动直接影响期货合约的价格变动。

期货交易是一种特殊的交易方式，它有不同于其他交易的鲜明特点：

一、期货交易买卖的是期货合约

期货买卖的对象并不是铜那样的实物或者股票价格指数那样的金融指标，是和这些东西有关的合约，一份合约代表了买卖双方所承担的履行合约的权利和义务。合约对标的物（也就是大豆、股票价格指数等）的相关属性和时间地点等问题提前进行了详细的规定，买卖合约的双方都要遵守这个规定。买卖双方对合约报出价格，买方买的是合约，卖方卖的也是合约。

二、合约标准化

同一家交易所对标的物相同的合约都作出同样的规定。例如，在上海期货交易所上市交易的铜期货合约，每张合约的内容都是一样的，交易品种都是阴极铜，交易单位都是 5 吨，交割品级都要符合国标 GB/T467–1997 标准，其他的有关规定包括报价单位、最小变动价位、每日价格最大波动限制、交易时间、最后交易日、最低交易保证金、交易手续费等，这些规定对每份铜期货合约来说都是相同的。

三、在期货交易所交易

大部分的期货都在期货交易所上市。期货交易所不仅有严密的组织结构和章程，还有特定的交易场所和相对制度化的交易、结算、交割流程。因此，期货交易往往被称为场内交易。我国国内的期货产品都是在期货交易所交易的。

四、双向交易

我们既可以先买一张期货合约，在合约到期之前卖出平仓

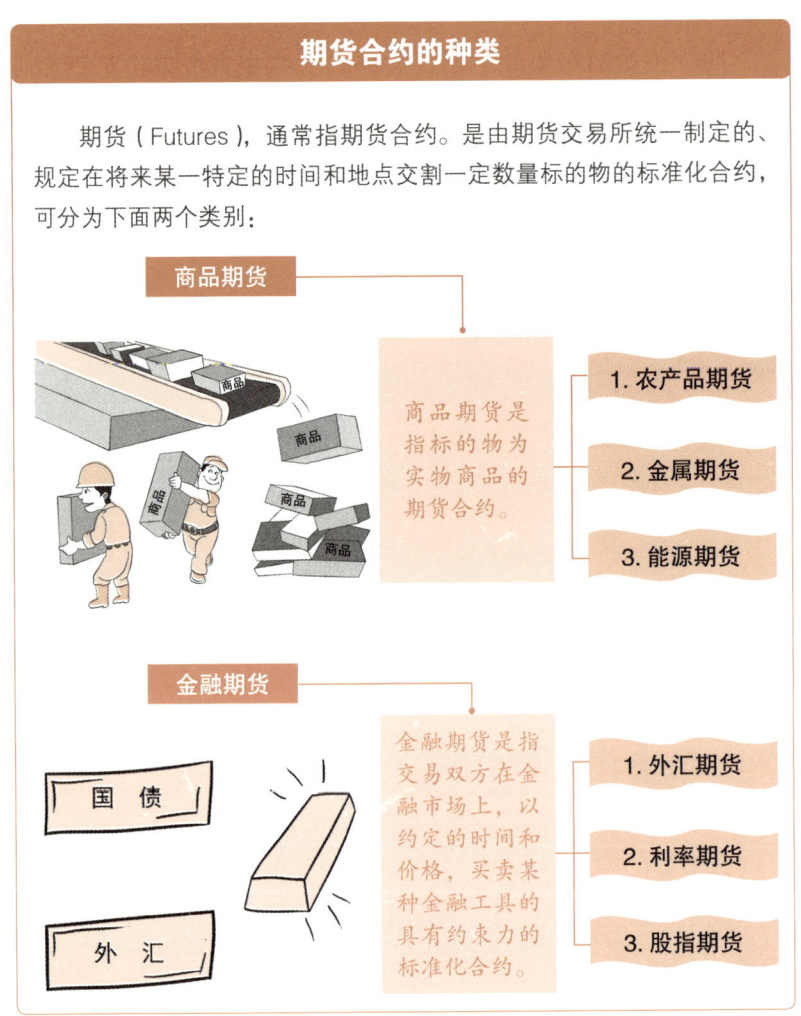

期货合约的种类

期货（Futures），通常指期货合约。是由期货交易所统一制定的、规定在将来某一特定的时间和地点交割一定数量标的物的标准化合约，可分为下面两个类别：

商品期货

商品期货是指标的物为实物商品的期货合约。

1. 农产品期货

2. 金属期货

3. 能源期货

金融期货

国债

外汇

金融期货是指交易双方在金融市场上，以约定的时间和价格，买卖某种金融工具的具有约束力的标准化合约。

1. 外汇期货

2. 利率期货

3. 股指期货

（或者到期时接受卖方交割），也可以先卖一张合约，在合约到期之前买进平仓（或者到期时交出实物或者通过现金进行交割）。就算手头没有一张合约，依然可以先卖出。这种可以先买也可以先卖的交易被称为双向交易。

五、保证金交易

进行期货买卖的时候，不需要支付全部金额，只要交出一个比例（通常为5%~10%）的金额作为履约的担保就行了，这个一定比例的金额就是保证金。

六、到期交割

期货合约是有到期日的，合约到期需要进行交割履行义务，了结合约。商品期货到期交割的是商品，合约的卖方要把铜或者大豆这样的标的物运到指定的交易仓库，被买方拉走，这被称为实物交割，商品期货都是实物交割。股指期货的标的物是一篮子股票，实物交割在操作上存在困难，因而采用现金交割。在股指期货合约到期时，依照对应的股指期货的价格，也即合约规定的交割结算价，计算出盈亏，交易者通过交易账户的资金划转完成交割。

【理财圣经】

期货投资，通俗点说就是利用今天的钱，买卖明天的货物。想要操控它的人，必须有较好的预见能力和分析能力。不客气地说，就是一个经济形势的预言家。要打响这样一场到未来才能知道结果的战役，非这样的人不可！

期货投资的交易流程

成功的期货交易始于熟悉它的交易过程。根据交易的习惯，期货交易的全过程可概括为开仓、持仓、平仓或实物交割。

一、开仓

是指交易者新买入或新卖出一定数量的期货合约，例如，投资者可卖出 10 手大豆期货合约，当这一笔交易是投资者的第一次买卖时，就被称为开仓交易。

二、持仓

在期货市场上，买入或卖出一份期货合约相当于签署了一份远期交割合同。开仓之后尚没有平仓的合约，叫未平仓合约或者平仓头寸，也叫持仓。

三、平仓或实物交割

如果交易者将这份期货合约保留到最后交易日结束，他就必须通过实物交割来了结这笔期货交易，然而，进行实物交割的是少数。大约 99% 的市场参与者都在最后交易日结束之前择机将买入的期货合约卖出，或将卖出的期货合约买回，即通过笔数相等、方向相反的期货交易来对冲原有的期货合约，以此了结期货交易，解除到期进行实物交割的义务。

例如，如果你 2009 年 5 月卖出大豆期货合约 10 手，那么，你就应在 2009 年 5 月到期前，买进 10 手同一个合约来对冲平仓，这样，一开一平，一个交易过程就结束了。这就像财务做账

计算机自助委托交易

是指客户在交易现场，通过电脑（该电脑通过期货经纪公司的服务器与交易所交易主机相连接）进行交易。

电话语音委托交易

是指客户通过电话键盘将交易指令转化为计算机命令，再由计算机传输给交易所主机。

传输交易

网上交易

是指利用互联网进行交易。也是目前推广速度最快的一种交易方式。但是在网上交易，一定要时刻注意防止病毒和黑客的入侵，否则，交易信息很容易丢失。

一样，同一笔资金进出一次，账就做平了。这种买回已卖出合约，或卖出已买入合约的行为就叫平仓。交易者开仓之后可以选择两种方式了结期货合约：要么择机平仓，要么保留至最后交易日并进行实物交割。

在期货交易的过程中，有很多种交易方式，尤其是网络的发达带来的通讯发达，使得交易途径更加宽广、快捷。我们可以先了解一下有哪些方式，以作参考。

首先，是传统的交易方式——书面方式和电话方式。书面方式是客户在现场书面填写相关单据，传达自己的指令，通过期货经纪公司的盘房接单员将指令下达至交易所；电话方式是客户通过电话将指令下达给期货经纪公司的盘房接单员，接单员在同步录音后再将指令下达至交易所。

其次，是随着科技进步出现的电子化交易方式。

【理财圣经】

运用术语加实践，展开你的期货交易流程。

如何选择优秀的经纪公司

在进行期货投资时，有一家出色的期货经纪公司很重要。期货经纪公司是指客户提供期货中介服务的赢利性机构。

在进行期货投资时，会遇到选择经纪公司的问题，有很多投资者也头痛于如何选择期货经纪人或经纪公司，是选择贴现经纪公司还是选择专职经纪公司，经纪公司又会为他们起到哪些作用？事实上，因为投资人和经纪公司千差万别，所以很难找到一种完美的答案。

像其他行业一样，经纪人和经纪公司存在着质量差异。毫无疑问，你的目标是要选择一家声誉良好的期货经纪公司。你个人的经纪人应该诚实，把客户的利益放在第一位。毫不夸张地说，一些交易人的成败完全控制在他们的经纪人手里。

对于正在寻找新的经纪人或者经纪公司的投资者来说，以下一些建议可以参考一下：

（1）你可以通过登录国家期货协会来选择一家经纪公司或者经纪人。期货协会的网站上有一栏叫作"基本信息"。进入这一栏目，你可以查寻到经纪公司或者经纪人，看一下他们是否有过被期货协会查处的违规记录。另外，商品期货交易协会还有一个信息网站帮助您评判期货经纪人或者经纪公司。

（2）对于那些初入市的期货投资人来说，跟着过于莽撞的经纪人做单可能是一个令人胆战心惊的过程。尤其是许多新入市者对一些专业术语还比较陌生，常常被一些交易术语弄得不知所措。

（3）个人投资者永远记住这一点：你要始终控制好自己的交易账户，操单做市主意自拿——即使你经验平平也一样。如果你的经纪人给你提供投资建议，你当然可以根据他们的意见去做单。但是，资金是你自己的，交易计划最终由你来定。如果你的经纪人盛气凌人，主观又武断，让你感到局促不安，趁早另换一位经纪人好了。不过有一点需要澄清：商品交易顾问（CTA）有权对客户注入的资金进行自由交易，因为客户希望CTA为他们出谋划策。但是中介经纪人并没有为客户自由交易的权利。

（4）许多职业交易人撰写的书中建议个人投资者要踏踏实实做好基础工作，诸如市场研究、入市计划等，然后据此交易；他们强调个人投资者的决策和行动不要受任何人干扰，包括他们的经纪人。

选择优秀期货经纪公司的标准

我也选！公司实力比较雄厚。

公司正规！

应是合规经营的公司。

股东要拥有雄厚实力，了解股东实力变化情况。

要了解期货经纪公司运行的流动资金状况。

要了解期货经纪公司总经理人品及公司股东与经营管理高层的关系。

成本

成本

成本

（5）许多经纪公司自己进行市场研究，向其客户提供他们的信息，包括投资时机。这类型的研究报告很可能是上乘之作，这一点本无可非议。事实上，许多投资人非常欢迎经纪公司能够提供这样的服务。

（6）选择贴现经纪公司还是专职经纪公司，这要看个人投资者的需求。假如个人投资者想得到更多的客户服务，包括公司自己的研究报告和投资建议，那么专职经纪公司也许是最好的选择。专职经纪公司在佣金费用的收取上略高一些。

（7）对于那些依靠个人研究，并且能够获得外围信息，如独立分析服务机构的信息，贴现经纪公司是最好的选择。贴现经纪公司在佣金收取方面较专职经纪公司确实优惠一些。

（8）对于一个信誉良好的期货经纪公司来说，无论是专职经纪公司，还是贴现经纪公司，在场内下单质量方面没有什么区别。

一些经纪公司有时要遭受某些个人投资者和媒体的攻击，常常因此而背上"黑锅"。有时，投资者在受到挫折之后，不愿意谴责自己，而是怨天尤人，经纪公司理所当然就成了替罪羊。诚然，期货市场同其他行业一样，内部良莠不齐，也确实有一些害群之马，但是多数期货公司的经纪人还是诚实可信、踏实肯干的，他们在交易时总能尽力为客户的利益着想。所以，一旦你选择了他，就要有充分的理由相信他。

【理财圣经】

有一家出色的经纪公司相助，你将在投资的过程中少走弯路。

资金管理：期货投资的成败因素

期货交易中决定成败的关键因素是什么？交易时机？及时入市？分析技巧？果断平仓出局？这些都不是！答案是资金管理。当然投资者应该掌握必要的技术分析和基本面情况，在此基础上，资金管理的好坏直接决定投资者的成败！期货市场风险莫测，缜密的资金管理显得尤为重要。

绝大多数成功人士都一致赞成：良好的资金管理是他们取得成功的关键。很多知名人士反复强调：要想成为一名成功的投资人，在投资初期，首先保全资金，其次才是赚钱！

只有具备一套完善的资金管理办法，你才能在期货市场立足。对一个新手来说，即使刚开始可能运气会很好，但最终仍有失手的时候。投资者如果在出现亏损的时候资金管理不善，不仅会赔掉所赚的利润，而且还会把老本搭进去！相反，假如他能在资金管理方面做得很好，出现亏损及时止损，就为自己的未来创造了机会。保存实力是期货市场中生存的要义，也是最终取得胜利的关键。

人们往往存在误解，认为成功的投资者每笔交易都赚钱。实则大出众人的意料，他们大都承认，每年他们亏损的次数基本上都要大于赢利的次数，但是为什么仍能获利？原因就在于资金管理技巧。成功的投资者在交易过程中都严格设定止损位，对于亏损头寸能及时斩掉；相反，赢利头寸则尽可能持仓实现最大的利

人闲钱不闲
你不理财财不理你

润。这样下来，一年的盈亏表上几次大单的赢利足可以抵消数次小的亏损，结果仍赢利良好。

资金管理优劣只是相对而言，在实践运用中还是应该因人而异。曾经有这样一位投资者，他初始的保证金为4000美元，

期货投资中的资金管理方法

固定金额投资法

固定金额投资法容易操作，不必过多顾及投资的时机问题。而且，由于这种投资方法奉行了"低进高出"的投资原则，在一般情况下能够确保盈利。

固定比率投资法

即使风险性部分损失惨重，但因保护性的收益相对稳定，因此不致于把血本赔光。但由于固定比率一经确定就不宜轻易改变，因此，它是一种比较保守的投资策略。

固定比率　（−.01）▼ −.17%

5.85	1.72%
5.82	1.15%
5.87	0.57%
5.75	0%
5.72	−0.57%
5.68	−1.15%

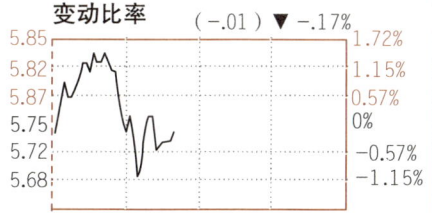

变动比率　（−.01）▼ −.17%

5.85	1.72%
5.82	1.15%
5.87	0.57%
5.75	0%
5.72	−0.57%
5.68	−1.15%

变动比率投资法

采用变率法克服了固定比率中不论在任何情况下一律按固定比例保留风险部分和防御部分的呆板作法，显得较为灵活和合理。

如今账面赢利 3000 美元。后来，他问一位专家该不该获利出局，那位专家告诉他：假如我是你，就会及时锁定利润，落袋为安，因为这位专家考虑的是如何应付将来迟早会出现的亏损头寸。不过，如果投资人账户资金是 3 万美元，而手头的单子已经有 3000 美元的赢利，他可以尽量扩大赢利水平。因为获利了结部分只占总资金的一小部分，而小散户可以做到资金翻番。期货投资切忌贪婪，期市中有句老话说：牛、熊都有机会获胜，唯独贪婪者，迟早会遭殃！

在期货投资中，有一点需要特别注意：小散户必须严格控制手中的资金。市场上期货和股票方面的书比比皆是，大多数书籍至少有一个章节专门论述资金管理。下面介绍几种通用的资金管理模式：

（1）对于散户而言，每次交易资金不要超过总资金的1/3，对于大中型投资者来说，每次下单量不要超过总资金的10%。这里要明确的是，资金越多，每次交易金额就要越小。实际上根据有经验的投资人建议，大户每次买卖不会超过总资金的 3% ~ 5%，小的投资者每次做单只好加大筹码。不过，这些散户可能要交易期权（买进期权而不是卖出），这样风险仅限于为期权交易付出的权利金，因为芝加哥商品期货交易所的分支机构——中美洲商品交易所交易更小头寸的期货合约，小投资者可能更愿意去那里投资。

（2）所有的交易都要严格设定止损。亏损的头寸要及时止损出局，赢利部分要尽可能地扩大战果。

（3）绝对不要加死码。

（4）每次交易风险回报率至少是 1/3。

【理财圣经】

期货交易中至关重要的是保存实力，对于期货新手来说更应如此。

期货投资的三大策略

策略一：期货投资的套利策略

常常听人说，利用期货可以套利，可是要怎么套？有什么样的策略？相信大多数人都还是一头雾水！

套利是指同时买进和卖出两张不同种类的期货合约。交易者买进自认为"便宜的"合约，同时卖出那些"高价的"合约，从合约价格间的变动关系中获利。

（1）价格策略。

其实就是利用股指期货价格来决定自己采取何种套利。因为单从理论上讲，只要股指期货合约实际交易价格高于或低于股指期货合约合理价格时，进行套利交易就可以赢利。但事实上，交易是需要成本的，这导致正向套利的合理价格上移，反向套利的合理价格下移，形成一个区间，在这个区间里套利不但得不到利润，反而会导致亏损，这个区间就是无套利区间。只有当期指实际交易价格高于区间上界时，正向套利才能进行；反之，当期指实际交易价格低于区间下界时，反向套利才适宜进行。

（2）价差策略。

两个期货合约的有效期不同时，会形成价格差异，这被称为跨期价差。在任何一段时间内，理论价差的产生完全是由于两个剩余合约有效期的融资成本不同产生的。当净融资成本大于零时，期货合约的剩余有效期越长，基差值就越大，即期货价格比股指现货值高得越多。如果股指上升，两份合约的基差值就会以同样的比例增大，即价差的绝对值会变大。因此市场上存在通过卖出价差套利的机会，即卖出剩余合约有效期短的期货合约，买入剩余有效期长的期货合约。如果价格下跌，相反的推理成立。如果来自现金头寸的收入高于融资成本，期货价格将会低于股票指数值（正基差值）。如果指数上升，正基差值将会变大，那么采取相反的头寸策略将会获利。

策略二：股指期货套期保值策略

在股指期货市场，当期货与股票结合起来的时候，投资者就可以将其在股票市场上预测到的风险转到期货市场。因为他可以通过股指期货的买卖来消除股票市场上风险的影响。

这点在现货市场是做不到的。而在股指期货上市后，产生了相对现货的期货产品，有了套期保值的基础，于是套期保值便成为可能。一般套期保值主要有下面两种形式：

（1）空头套期保值。

它是指股民为避免股价下跌而卖出股指期货来对冲风险。特别是股票价格从高位下跌时，大多数投资者还不愿放弃，希望能继续观察，以确定这次回落是熊市的开始或只是一次短暂回调。而此时就可以通过卖空股指期货部分或全部以锁定赢利，待情况明朗后再选择是否卖出股票。

（2）多头套期保值。

指准备购买股票的投资者，为避免股价上升而买入股指期货，操作与空头套期保值的方向相反。通过在股票市场和期货市场上的同时操作，既回避了部分市场风险，也可以锁定投资者已获得的赢利。

策略三：期货投资反向操作策略

投资者参与期货投资，为了完成进场——加码操作——出场——进场的循环操作，必须采取反向操作策略，即反做空。但是因为风险的不同，我们尽量不要以期货部位做空，有一种较安全，但成本稍高的方法，就是以选择权的方式操作——买进卖权。

有经验的投资者在操作时发现：在商品的高档时，因为行情震荡激烈，期货投资进场点的决定和风险控制会变得较困难。但若以选择权来操作，可以使风险固定，再用资金管理的方式来决定进场点，就可以建立仓位。

在这里，使用选择权的好处就是不用理会行情，只要在到期价格大跌，你就可以获利。可若是同一笔资金用来做期货的停损，怕是经不起这样的折腾，早就赔光了，因此，投资者实施选择权可以在行情转空时，有效建立空头部位。

在经过一段观察后，你可以用当时标的期货总值的10%为权利金。（所谓权利金，是指购买或售出期权合约的价格。）对于期权买方来说，他必须支付一笔权利金给期权卖方以作为换取买方一定的权利的对价；对于期权卖方来说，他则因卖出期权收取一笔权利金作为报酬。

然后，投资者可以把权利金划分成两部分。用其中的一部分在价格跌破前波低点，多头仓全部离场时，进场买进卖权；用另一部分在价格做第一次反弹时进场买卖，方法同前述。

按照这些步骤操作完毕后，投资者在选择权快到期或是下跌幅度减小时就可以准备平仓，因为这时的卖权常是深入价内，大多没有交易量，使其选择权市场平仓，因此必须要求履约，成为期货部位平仓。

因为从要求履约到取得部位不是同步的，会有时间差，所以投资者在这之前需在期货市场先行买进锁住利润，在要求履约待取得期货空头部位后，即可对冲平仓，最终结束操作。

反向操作的方法相对有些复杂，如果之前没有进行专业的学习，可能无法灵活掌握它。但是如果操作得当，在履约价的选择良好的情况下，它的获利是不可小视的，有时甚至能达到数十倍以上。

【理财圣经】

尽情地把握未来于股掌之中，是每个期货投资人的梦想。当然，这对于有些人，不是奢望，如果他能在期货投资里把握好这个战役的规则，规划好自己的策略，胜，亦未尝不可！

第九章

学会储蓄：坐收"渔"利

如何存钱最划算

银行储蓄，在目前仍是大多数人的首选理财方式。在大众还是将储蓄作为投资理财的重要工具的时期，储蓄技巧就显得很重要，它将使储户的储蓄收益达到最佳化。

那么，如何存钱最划算呢？下面将针对银行开办的储蓄种类细细为大家介绍如何存钱最划算。

一、活期储蓄

活期存款用于日常开支，灵活方便，适应性强。一般应将月固定收入（例如工资）存入活期存折作为日常待用款项，以便日常支取（水电、电话等费用从活期账户中代扣代缴支付最为方便）。对于平常大额款项进出的活期账户，为了让利息生利息，最好每两个月结清一次活期账户，然后再以结清后的本息重新开一本活期存折。

二、整存整取定期储蓄

在高利率时代，存期要"中"，即将五年期的存款分解为一年期和两年期，然后滚动轮番存储，如此可生利而收益效果最好。

在低利率时期，存期要"长"，能存五年的就不要分段存取，因为低利率情况下的储蓄收益特征是存期越长，利率越高，收益越好。

对于那些较长时间不用，但不能确定具体存期的款项最好用"拆零"法，如将一笔5万元的存款发为0.5万元、1万元、1.5万元和2万元4笔，以便视具体情况支取相应部分的存款，避免利息损失。

要注意巧用自动转存（约定转存）、部分提前支取（只限一次）、存单质押贷款等手段，避免利息损失和亲自跑银行转存的麻烦。

三、零存整取定期储蓄

由于这一储种较死板，最重要的技巧就是"坚持"，绝不可以连续漏存。

四、存本取息定期储蓄

与零存整取储种结合使用，产生"利滚利"的效果。即先将固定的资金以存本取息形式定期存起来，然后将每月的利息以零存整取的形式储蓄起来。

五、定活两便存储

定活两便存款主要是要掌握支取日，确保存期大于或等于3个月，以免利息损失。

六、通知储蓄存款存储

通知存款最适合那些近期要支用大额活期存款但又不知道支用的确切日期的储户，要尽量将存款定为 7 天的档次。

以上是针对储蓄种类一一讲解的，下面说说一般的提高储蓄的小门道，你可以把它们两者配合起来运用。

一、合理的储种

当前，银行开办了很多储蓄品种，你应当在其中选择不容易受到降息影响或不受影响的品种。如定期储蓄的利率在存期内一般不会变动，只要储户不提前支取，就能保证储户的利益。

二、适当的存期

存期在储蓄中起着极重要的作用。选择适当的存期就显得是十分必要。在经济发展稳定，通货膨胀率较低的情况下，可以选择长期储蓄。因为长期的利率较高，收益相对较大。而在通货膨胀率相对较高时，存期最好选择中短期的，流动性较强，可以及时调整，以避免造成不必要的损失。

三、其他技巧

（1）储蓄不宜太集中。

存款的金额和期限，不宜太集中。因为急用时，你可能拿不到钱。可以在每个月拿一部分钱来存定期。如此，从第一笔存款到期后的每个月，你都将有一笔钱到期。

（2）搭配合理的储蓄组合。

储蓄也可看成一种投资方式，从而选择最合理的存款组合。

存款应以定期为主，其他为辅，少量活期。因为，相比较而言，定期储蓄的利率要比其他方式都高。

（3）巧用储蓄中的"复合"利率。

所谓银行的"复合"利率，就是指存本取息储蓄和零存整取储蓄结合而形成的利率，其效果接近复合利率。具体就是将现金先以存本取息方式储蓄，等到期后，把利息取出，用它再开一个零存整取的账户。这样两种储蓄都有利息可用。

如果只用活期存款，收益是最低的。有的人仅仅为了方便支取就把数千元乃至上万元都存入活期，这种做法当然不可取。而有的人为了多得利息，把大额存款都集中到了三年期和五年期

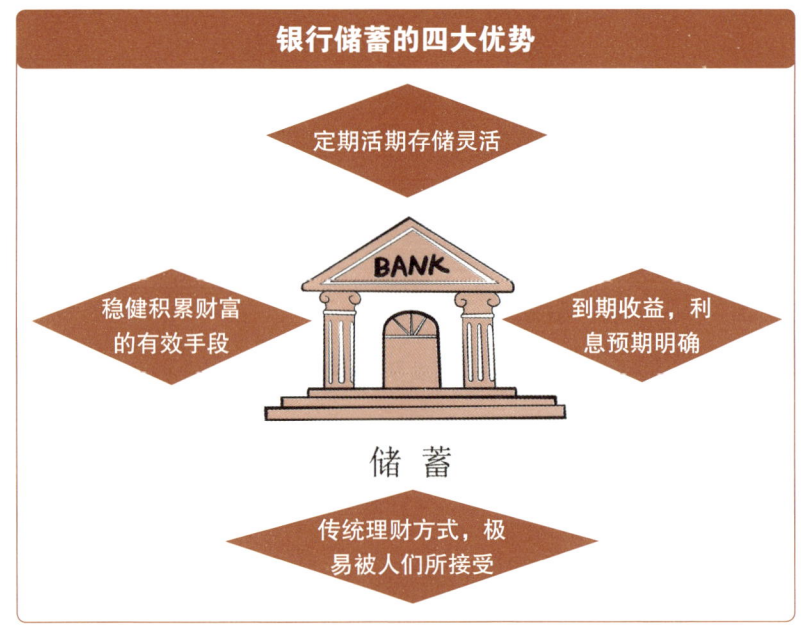

人闲钱不闲
你不理财财不理你

上，而没有仔细考虑自己预期的使用时间，盲目地把余钱全都存成长期，如果急需用钱，办理提前支取，就出现了"存期越长，利息越吃亏"的现象。

而针对这一情况，银行规定对于提前支取的部分按活期算利息，没提前支取的仍然按原来的利率算。所以，个人应按各自不同的情况选择存款期限和类型，不是存期越长越划算。

【理财圣经】

现在银行都推出了自动转存服务，所以在储蓄时，应与银行约定进行自动转存。这样做，一方面是避免了存款到期后不及时转存，逾期部分按活期计息的损失；另一方面是存款到期后不久，如遇利率下调，未约定自动转存的，再存时就要按下调后利率计息，而自动转存的，就能按下调前较高的利率计息。如到期后遇利率上调，也可取出后再存。

工资卡里的钱别闲着

现在，各行各业的人们手中都有一张工资卡，但是大家理财的时候往往会忽略掉它，特别是当卡里只剩下一些零头数目的钱的时候，大家就更不会去理会这张卡了。其实，能够把工资卡里的钱充分利用起来，也是一个很好的积累财富的途径。所以，工资卡里的钱别闲着。

那么该怎样把工资卡里的资金用活呢？

一、活期资金转存为定期

因为工资卡的流动性比较大，所以不能把它作为长期的定期存款，而应该以一些短期的定期存款为主，或者每个月都坚持从里面取出一部分小额资金以零存整取的方式进行存款。这样，就比作为活期放在工资卡里所获得的利息更多。而且现在各个银行都为储户提供了自动转存的服务，如果你觉得每个月都跑银行太麻烦的话，你完全可以设定好零用钱金额、选择好定期储蓄比例和期限，办理约定转存的手续。这样，银行每个月就会主动帮你把你规定的金额转为定期存款，就免去了你跑银行的辛苦。

现在各大银行都推出了活期转存定期的灵活操作的业务。像民生银行就推出了"钱生钱"理财的业务。这项业务可以自动将活期、定期存款灵活转换，优化组合。

而交通银行推出的双利理财账户业务，在功能方面和民生银行的"钱生钱"很相似，但是有个硬性要求，就是工资卡里的活期账户最低必须留有5 000元，其他的金额才能够自动转入通知存款账户中。这个对工资卡里的闲钱利用率就显得不太高了。

工行的定活通业务就显得比较灵活，它会自动每月将你工资卡里的活期账户的闲置资金转为定期存款，当你的活期账户的资金不够你用时，定期存款又会自动转为活期存款，方便你的资金周转。

中信银行的中信理财宝也提供定活期灵活转变的业务，有一点不同的是，如果你透支了工资卡里的活期账户里的资金，只要

人闲钱不闲
你不理财财不理你

你在当天的营业结束之前归还，里面的定期存款就不用转换回活期，这样既保证了利息不受损失，又保证了资金流动性，相对来说还是比较好的。

二、与信用卡绑定

因为工资卡每个月都会存进资金，如果与信用卡绑定的话，你就不用再担心信用卡还款的事，也不用再费时费力地到处找还款的地方，轻轻松松地就可以避免银行的罚息和手续费，还能够保持自己良好的信用记录，何乐而不为呢？

三、存抵贷，用工资卡来还房贷

因为工资卡上都会备有一些闲钱不会用到，而且如果你有房贷的话，你完全可以办理一个"存抵贷"的理财手续。现在很多银行都推出了"存抵贷"的业务，办理这项业务之后，工资卡上的资金将按照一定的比例当作提前还贷，而节省下来的贷款利息就会被当作你的理财收益返回到你的工资卡上，这样，就可以大大提高你工资卡里的有限资金的利用率。

四、基金定投

由于工资卡上每个月都会有一些结余的资金，如果让这些结余资金睡在工资卡里吃活期利息的话，收益极其微小，还不如通过基金定投来强迫自己进行储蓄。这个基金定投就是每个月在固定的时间投入固定金额的资金到指定的开放式基金中。这个业务也不需要每个月都跑银行，它只要去银行办理一次性的手续，以后的每一期扣款申购都会自动进行，也是比较省心、省事的业务。

以上是一些能够将工资卡里的闲钱用活起来的理财方法，你可以根据自己的收入特点和自己的理财目标，来选择自己的理财方式和固定扣款的金额与周期，把自己工资卡里的闲钱充分调动起来，为自己带来更大的财富收获。

【理财圣经】

咨询自己工资卡的所属银行理财顾问，他会为你推荐一个方便你利用工资卡理财的方案。你也可以到专业的理财网站看看与你处境差不多的人怎么利用工资卡理财，然后选定一个自己的理财方案。

制订合理的储蓄计划

莹莹和小文是好友，两人的薪水差不多。小文每个月开销不大，薪水总是在银行定存，莹莹则喜欢买衣服，钱常常不够花。三年下来，小文存了三万，而莹莹只有一些过时的衣服。其实小文很早就有"聚沙成塔"的想法，希望储蓄能帮助自己将小钱累积成大的财富。

一般来讲，储蓄的金额应为收入减去支出后的预留金额。在每个月发薪的时候，就应先计算好下个月的固定开支，除了预留一部分"可能的支出"外，剩下的钱以零存整取的方式存入银行。零存整取即每个月在银行存一个固定的金额，一年或两年

人闲钱不闲
你不理财财不理你

后，银行会将本金及利息结算，这类储蓄的利息率比活期要高。将一笔钱定存一段时间后，再连本带利一起取出是整存整取。与零存整取一样，整存整取也是一种利率较高的储蓄方式。

也许有人认为，银行储蓄利率意义不大，其实不然。在财富积累的过程中，储蓄的利率高低也很重要。当我们放假时，银行也一样在算利息，所以不要小看这些利息，一年下来也会令你有一笔可观的收入。仔细选择合适的储蓄利率，是将小钱变为大钱的重要方法。

储蓄是最安全的一种投资方式，这是针对储蓄的还本、付息的可靠性而言的。但是，储蓄投资并非没有风险，主要是指因为利率相对通货膨胀率的变动而对储蓄投资实际收益的影响。不同的储蓄投资组合会获得不同的利息收入。储蓄投资组合的最终目的就是获得最大的利息收入，将储蓄风险降到最低。

合理的储蓄计划围绕的一点就是"分散化原则"。首先，储蓄期限要分散，即根据家庭的实际情况，安排用款计划，将闲余的资金划分为不同的存期，在不影响家庭正常生活的前提下，减少储蓄投资风险，获得最大的收益。其次，储蓄品种要分散，即在将闲余的资金划分期限后，对某一期限的资金在储蓄投资时选择最佳的储蓄品种搭配，以获得最大收益。再次，到期日要分散，即对到期日进行搭配，避免出现集中到期的情况。

每个家庭的实际情况不同，适合的储蓄计划也不尽相同，下面以储蓄期限分散原则来看下常用的计划方案。

常见的三种储蓄法

投资理财的渠道虽然较多，但储蓄依然是人们理财的主要途径，那么，如何做好储蓄呢？

目标储蓄法

想要通过储蓄做到更好的理财，应根据家庭经济收入实际情况建立切实可行的储蓄目标并逐步实施，以实现储蓄目的。

节约储蓄法

在生活中要注意节约，减少不必要的开支，合理消费，用节约下来的钱进行存储，做到积少成多。

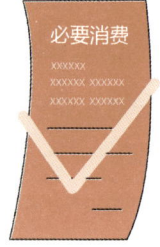

必要消费

xxxxxx
xxxxxx xxxxxx
xxxxxx xxxxxx

可买可不买

xxxxxx xxxxxx
xxxxxxx

这一部分用于储蓄

计划存储法

可以根据每个月的收入情况，预留出当月必需的费用开支，将余下的钱区分，选择适当的储蓄品种存入银行，可以减少随意支出，使家庭经济按计划运转。

176

一是梯形储蓄方案。也就是将家庭的平均节余资金投放在各种期限不同的储蓄品种上。利用这种储蓄方案，既有利于分散储蓄投资的风险，也有利于简化储蓄投资的操作。运用这种投资法，当期限最短的定期储蓄品种到期后，将收回的利息投入到最长的储蓄品种上，同时，原来期限次短的定期储蓄品种变为期限最短的定期储蓄品种，从而规避了风险，获得了各种定期储蓄品种的平均收益率。

二是杠铃储蓄方案。将投资资金集中于长期和短期的定期储蓄品种上，不持有或少量持有中期的定期储蓄品种，从而形成杠铃式的储蓄投资组合结构。长期的定期存款优点是收益率高，缺点是流动性和灵活性差。而长期的定期存款之所短恰好是短期的定期存款之所长，两者正好各取所长，扬长避短。

这两种储蓄方案是利率相对稳定时期可以采用的投资计划。在预测到利率变化时，应及时调整计划。如果利率看涨时，选择短期的储蓄品种去存，以便到期时可以灵活地转入较高的利率轨道；如果利率看低时，可以选择存期较长的储蓄存款品种，以便利率下调时，你的存款利率不变。

【理财圣经】

制订合理的储蓄计划，能够减少储蓄投资风险，获得最大的收益。

储蓄理财，把握四点大方向

储蓄其实是一种"积少成多"的游戏，不过开始一盘游戏之前，也有些准备工作需要我们清楚。正所谓不打无准备的仗，知己知彼，对自身对形势都作好充分的判断，才有把握赢下这盘游戏，得到理想中的丰厚利润。反之，不仅不会赢得利益，甚至有可能损失本钱。

张小姐时年27岁，在一家外资企业上班，她的钱包里装有十几张不同银行不同功能的银行卡。张小姐表示，这些卡的一部分是住房还贷卡、买车还贷卡、交通卡、缴纳水电费的卡，买基金的账户卡、股票的账户卡、保险缴费卡以及公司要求办理的工资卡等生活中不可或缺的卡片，另有一些为了朋友的业绩，顺水推舟就办了的卡，还要加上现在专门用来交电话费的牡丹卡。

根据所谓的"国际惯例"，中国工商银行和中国建设银行均将对所有牡丹灵通卡和龙卡收取每年10元的年费。张小姐粗略算了一下，如果每张卡都要收取年费，她至少每年要多支付上百元的费用。

理财专家认为，张小姐在办理银行卡的目的和方式上均有欠考量，其每年在银行卡年费上支出的费用是完全可以避免的。在选择银行卡时，如果能考虑到各种使用方向，充分利用每张银行卡的功能，在各银行之间进行适当比对，选择最适合自己的银行卡，可避免因卡多而使自己的钱财流失。要知道"卡不在多，够用就行"，现如今银行卡收费项目五花八门，更要求我们把握好自身情况选择合适的银行卡，别让银行卡成为"吃钱"的东西。

专家同时为我们提出了在办理储蓄理财时要把握的 4 点大方向：

（1）明确自身存款的用途。明确存款用途是进行储蓄的大前提，是在选择储蓄种类时最重要的影响因素。通常情况下，居民的存款无外乎存款购物、旅行，为买房买车等大件消费做积攒，为子女的教育经费做准备，以及储备今后的养老资产等。这就要求我们根据存款的不同目的选择合适的储蓄方式和时间。如为子女今后的教育储备经费，可以选择由国家支持，利率相对较高的教育储蓄。把握好每一笔存款的目的，才不会发生如上文提到的张小姐一样，卡多而杂乱，影响自己利益的事情。

（2）选择好储蓄的种类。日常生活中，薪水族们往往会给家庭留下一定比例的薪水作为生活费用，这笔费用要求存取灵活，可选择为活期储蓄；而长期不会动用的，如准备买房的积攒款项，则以利率较高的定期储蓄为佳。要注意的是，定期储蓄也有不同的方式，作出正确的选择对利益目标的达成至关重要。如将一笔大额资产存为一张存单或存期过长，遇到突发事件需要取用时，提前支取会造成利息的损失，相反，存期过短则利率太低，难以保值。储蓄的种类的是储户在明确存款用途后要考虑的第二件事情。

（3）要把握好储蓄的时机。储蓄的好时机自然是利率较高的时候，而利率相对较低的时候则应选择凭证式国债或选择短期存款。短期存款并不要求储户频繁地去银行办理业务，而可以选择银行的预约转存业务，存款同样会按照约定自动转存。对于储蓄时机的把握要求储蓄对利率浮动的大方向有一定的了解。

（4）选择最适合自己的储蓄机构。选择好了适当的时机，就该动身去银行了。不过如今银行机构众多，该选择什么样的银行呢？专家提示，首先应当从安全性的角度衡量。安全可靠，信誉度高，经营状况好，都是最基本的条件，这样的银行才能给我们的存款以安全保障；其次硬件服务设施和服务态度也是重要的决定因素；再次是银行所能提供的各种功能性服务。现如今银行能提供的服务项目很多，日常生活中各种费用的缴纳、购票等行为都可以通过银行转账完成，选择一家对自身各种要求合适的、功能齐全的银行，才能更好地便捷我们的生活。

以上四点大方向，都是储户在进行储蓄行为之前，应该仔细考量的。把握好这几点要素，将我们手中的资金投入到最有用的地方，才能让"钱"最大程度上地生出"钱"。

【理财圣经】

储蓄其实是一种"积少成多"的游戏，我们在储蓄时要明确自身存款的用途、选择好储蓄的种类、把握好储蓄的时机、选择最适合自己的储蓄机构，才能让小钱生出大钱来。

人闲钱不闲
你不理财财不理你

储蓄理财中应注意三个方面

　　储蓄理财具有存取自由、安全性高和收益稳定等优势，所以在个人及家庭投资理财中占有较大比重。在储蓄理财的过程中，应注意以下三个方面的问题。

存期越长不一定越划算

预留一定的资金可以急需时使用

选择适合的理财工具进行存款投资

会计算利息，明明白白存钱

你知道哪种存款方式最适合你吗？你的钱存在银行能得多少利息？要明明白白存钱，首先需要了解银行的储蓄利息是如何计算的。

一、储蓄存款利息计算的基本公式

储户在银行存储一定时期和一定数额的存款后，银行按国家规定的利率支付给储户超过本金的那部分资金。利息计算的基本公式：

利息＝本金 × 存期 × 利率

二、计息的基本规定

（1）计息起点规定。计算各种储蓄存款利息时，各类储蓄均以"元"为计息单位，元以下不计利息。

（2）计算储蓄存期的规定。

①算头不算尾。存款的存期是从存入日期起至支取日前一天止。支取的当天不计算。通常称为"算头不算尾"。

②月按30天，年按360天计算。不论大月、小月、平月、闰月，每月均按30天计算存期。到期日如遇节假日，储蓄所不营业的，可以在节假日前一日支取，按到期计息，手续按提前支取处理。

③按对年对月对日计算。储蓄存款是按对年对月对日来计算的，即自存入日至次年同月同日为一对年。存入日至下月同日为

人闲钱不闲
你不理财财不理你

一对月。

④过期期间按活期利率计算。各种定期存款，在原定存款期间内，如遇利率调整，不论调高调低，均按存单开户日所定利率计付利息，过期部分按照存款支取日银行挂牌公告的活期存款利率来计算利息。

（3）定期存款在存期内遇到利率调整，按存单开户日挂牌公告的相应的定期储蓄存款利率计付利息。

（4）活期存款在存入期间遇到利率调整，按结息日挂牌公告的活期储蓄存款利率计付利息。

三、计算零存整取储蓄存款的利息

零存整取定期储蓄计息方法一般为"月积数计息"法。其公式是：

利息 ＝ 月存金额 × 累计月积数 × 月利率

累计月积数 ＝（存入次数 +1）÷2× 存入次数

据此推算 1 年期的累计月积数为（12+1）÷2×12=78，以此类推，3 年期、5 年期的累计月积数分别为 666 和 1830。

四、计算整存零取储蓄存款的利息

整存零取和零存整取储蓄相反，储蓄余额由大到小反方向排列，利息的计算方法和零存整取相同，其计息公式为：

每次支取本金 ＝ 本金 ÷ 约定支取次数

到期应付利息 ＝（全部本金 ＋ 每次支取金额）÷2× 支取本

金次数 × 每次支取间隔期 × 月利率

五、计算存本取息储蓄存款的利息

存本取息定期储蓄每次支取利息金额，按所存本金、存期和规定利率先算出应付利息总数后，再根据储户约定支取利息的次数，计算出平均每次支付利息的金额。逾期支取、提前支取利息计算与整存整取相同，若提前支取，应扣除已分次付给储户的利息，不足时应从本金中扣回。计息公式：

每次支取利息数 ＝（本金 × 存期 × 利率）÷ 支取利息次数

六、计算定活两便储蓄存款的利息

定活两便储蓄存款存期在 3 个月以内的按活期计算；存期在 3 个月以上的，按同档次整存整取定期存款利率的六折计算；存期在 1 年以上（含 1 年），无论存期多长，整个存期一律按支取日定期整存整取 1 年期存款利率打六折计息，其公式：

利息 ＝ 本金 × 存期 × 利率 ×60%

七、计算个人通知存款的利息

个人通知存款是一次存入，一次或分次支取。1 天通知存款需提前 1 天通知，按支取日 1 天通知存款的利率计息，7 天通知存款需提前 7 天通知，按支取日 7 天通知存款的利率计息，不按规定提前通知而要求支取存款的，则按活期利率计息，利随本清。基本计算公式：

应付利息 ＝ 本金 × 存期 × 相应利率

【理财圣经】

了解了各种利息的计算方法之后，以后存款的时候投资者应先自己计算一下，然后选择能够获取利息最大的储蓄种类进行存款，让自己的存款利息最大化。

如何实现储蓄利益最大化

家庭理财中储蓄获利是最好的一种选择。那么如何实现储蓄利益最大化呢？根据自己的不同情况，可以作出多种选择。

一、压缩现款

如果你的月工资为 1000 元，其中 500 元作为生活费，另外节余 500 元留作他用，不仅节余的 500 元应及时存起来生息，就是生活费的 500 元也应将大部分作为活期储蓄，这会使本来暂不用的生活费也能生出利息。

二、尽量不要存活期

存款，一般情况下存期越长，利率越高，所得的利息也就越多。因此，要想在家庭储蓄中获利，你就应该把作为日常生活开支的钱存活期外，节余的都存为定期。

三、不提前支取定期存款

定期存款提前支取，只按活期利率计算利息，若存单即将到期，又急需用钱，则可拿存单做抵押，贷一笔金额较存单面额小的钱款，以解燃眉之急，如必须提前支取，则可办理部分提前支取，尽量减少利息损失。

四、存款到期后，要办理续存或转存手续以增加利息

存款到期后应及时支取，有的定期存款到期不取，逾期按活期储蓄利率计付逾期的利息，故要注意存入日期，存款到期就取款或办理转存手续。

五、组合存储可获双份利息

组合存储是一种存本取息与零存整取相组合的储蓄方法，如你现有一笔钱，可以存入存本取息储蓄户，在一个月后，取出存本取息的第一个月利息，再开设一个零存整取储蓄户，然后将每月的利息存入零存整取储蓄。这样，你不仅得到存本取息储蓄利息，而且利息在存入零存整取储蓄后又获得了利息。

六、月月存储，充分发挥储蓄的灵活性

月月储蓄说的是 12 张存单储蓄，如果你每月的固定收入为 2500 元，可考虑每月拿出 1000 元用于储蓄，选择一年期限开一张存单，当存足一年后，手中便有 12 张存单，在第一张存单到期时，取出到期本金与利息，和第二期所存的 1000 元相加，再存成一年期定期存单；以此类推，你会时时手中有 12 张存单。一旦急需，可支取到期或近期的存单，减少利息损失，充分发挥

人闲钱不闲
你不理财财不理你

储蓄的灵活性。

七、阶梯存储适合工薪家庭

假如你持有 3 万元，可分别用 1 万元开设 1～3 年期的定期储蓄存单各一份；1 年后，你可用到期的 1 万元，再开设一个 3 年期的存单，以此类推，3 年后你持有的存单则全部为 3 年期，只是到期的年限不同，依次相差 1 年。这种储蓄方式可使年度储蓄到期额保持等量平衡，既能应对储蓄利率的调整，又可获取 3 年期存款的较高利息；这是一种中长期投资，适宜工薪家庭为子女积累教育基金与婚嫁资金等。

八、四分存储减少不必要的利息损失

若你持有 1 万元，可分存 4 张定期存单，每张存额应注意呈梯形状，以适应急需时不同的数额，即将 1 万元分别存成 1000 元、2000 元、3000 元、4000 元的 4 张 1 年期定期存单。此种存法，假如在一年内需要动用 2000 元，就只需支取 2000 元的存单，可避免需取小数额却不得不动用"大"存单的弊端，减少了不必要的利息损失。

九、预支利息

存款时留下支用的钱，实际上就是预支的利息。假如有 1000 元，想存 5 年期，又想预支利息，到期仍拿 1000 元的话，你可以根据现行利率计算一下，存多少钱加上 5 年利息正好为 1000 元，那么余下的钱就可以立即使用，尽管这比 5 年后到期再取的利息少一些，但是考虑到物价等因素，也是很经济的一种办法。

储蓄方式可以有各种组合，一笔钱可以划分为几部分分别存储，提前支取定期存款可以办理部分支取，通过银行零存整取业务可以让利息生利息等手段，目的都只有一个，就是结合每个人自身条件实现储蓄利益的最大化。

如何制订家庭储蓄方案

家庭作为一个基本的消费单位，在储蓄时也要讲科学，合理安排。一个家庭平时收入有限，因此对数量有限的家庭资本的储蓄方案需要格外花一番工夫，针对不同的需求，家庭应该分别进行有计划的储蓄。在前面我们已经提到了这方面的一部分内容，那么现在我们就来系统地谈一谈这个问题：我们的建议是把全家整个经济开支划分为五大类。

一、日常生活开支

在理财过程中，每个家庭都清楚建立家庭就会有一些日常支出，这些支出包括房租、水电、煤气、保险、食品、交通费和任何与孩子有关的开销等，它们是每个月都不可避免的。根据家庭收入的额度，在实施储蓄时，家庭可以建立一个公共账户，采取每人每月拿出一个公正的份额存入这个账户中的方法来负担家庭日常生活开销。

为了使这个公共基金良好地运行，家庭还必须有一些固定的安排，这样才能够有规律地充实基金并合理地使用它。实际上家庭对这个共同账户的态度反映出对自己婚姻关系的态度。注意不要随意使用这些钱，相反地，要尽量节约，把这些钱当作是夫妻今后共同生活的投资。另外，对此项开支的储蓄必不可少，应该充分保证其比例和质量，比如家庭可以按照家庭收入的 35% 或 40% 的比例来存储这部分基金。

二、大型消费品开支

家庭建设资金主要是用于购置一些家庭耐用消费品如冰箱、彩电等大件和为未来的房屋购买、装修做经济准备的一项投资。我们建议以家庭固定收入的 20% 作为家庭建设投资的资金，这笔资金的开销可根据实际情况灵活安排，在用不到的时候，它就可以作为家庭的一笔灵活的储蓄。

三、文化娱乐开支

现代化的家庭生活，自然避免不了娱乐开支。这部分开支主要用于家庭成员的体育、娱乐和文化等方面的消费。设置它的主要目的是为了在紧张的工作之余为家庭平淡的生活增添一丝情趣。比如郊游、看书、听音乐会、看球赛，这些都属于家庭娱乐的范畴，在竞争如此激烈的今天，家人难得有时间和心情去享受生活，而这部分开支的设立可以帮助他们品味生活，从而提高生活的质量。我们的建议是：这部分开支的预算不能够太少，可以规划出家庭固定收入的 10% 作为预算，其实这也是很好的智力投资，若家庭收入增加，也可以扩大到 15%。

家庭储蓄方案需要注意哪些

　　家庭储蓄又不同于个人储蓄，需要考虑的因素很多。那么，家庭储蓄需要注意哪些问题呢？

我们就留这些少的作为日常开支，其余的都存进银行，做长期存储吧。

1.选择银行存款的种类和期限时，一定要根据自己家庭的用款情况和整体消费水平来确定。

2.大额资金分银行存。这样做有利于分散风险。

3.银行账户密码保护好。账户密码最好不要使用家人的生日，手机号，身份证号等，很容易被他人知晓，盗取资金。

人闲钱不闲
你不理财财不理你

四、理财项目投资

家庭投资是每一个家庭希望实现家庭资本增长的必要手段，投资的方式有很多种，比较稳妥的如储蓄、债券，风险较大的如基金、股票等，另外收藏也可以作为投资的一种方式，邮币卡及艺术品等都在收藏的范畴之内。我们认为以家庭固定收入的20%作为投资资金对普通家庭来说比较合适，当然，此项资金的投入，还要与家庭个人所掌握的金融知识、兴趣爱好以及风险承受能力等要素相结合，在还没有选定投资方式的时候，这笔资金仍然可以以储蓄的形式先保存起来。

五、抚养子女与赡养老人

这项储蓄对家庭来说也是必不可少的，可以说它是为了防患于未然而设计的。家庭如果今后有了小孩，以及父母的养老都需要这笔储蓄来支撑。此项储蓄额度应占家庭固定收入的10%，其比例还可根据每个家庭的实际情况加以调整。

上述五类家庭开支储蓄项目一旦设立，量化好分配比例后，家庭就必须要严格遵守，切不可随意变动或半途而废，尤其不要超支、挪用、透支等，否则就会打乱自己的理财计划，甚至造成家庭的"经济失控"。

【理财圣经】

目前，储蓄依然是许多家庭投资理财的主要方式。如果在利率持续下调的形势下，能掌握储蓄的一些窍门，仍可获取较高的利息收入。

别让过多的银行卡吃掉你的钱

现在很多人都会拥有 5 家以上银行的储蓄卡，但是有些人每张卡上面的余额都所剩无几，由于现在商业银行普遍开始征收保管费——也就是余额不足 100 元，每存一年不但没有利息而且还要倒贴大约 2 元钱的保管费。如果不加管理，无疑让自己辛苦赚来的钱四处"流浪"，或是让通胀侵蚀其原有的价值。所以建议你整合一下你的账户，别让过多的银行卡吃掉你的钱。

"卡不在多，够用就行。"这是最明智的使用银行卡的方法。

那么，到底该如何整合自己的银行卡资源？保留多少张卡是合适的呢？

一、让功能与需求对位

在你整合你的银行卡之前，你必须要先弄清楚你现有的银行卡都有什么特别之处。而其中哪些功能对你是必要的，哪些是可有可无的，哪些是可以替代的，哪些是独一无二的。

现在的借记卡大多都有各种功能，其中的代收代付业务，主要有：代发工资（劳务费），代收各类公用事业费（如水、电、煤、电话费），代收保费等，由此给持卡人带来了极大的便利。善用借记卡可以省去很多过去需要亲自跑腿的烦琐事情，既安全又省时。

另外，不同银行发行的借记卡还具有很多有特色的理财功能。例如，交通银行太平洋借记卡，除了购物消费、代发工资、代收缴费用、ATM 取现等基本功能，还具有理财通、消费通、全

人闲钱不闲
你不理财财不理你

国通、国际通、缴费通、银证通、一线通、网银通、银信通等一些特殊功能。再比如北京银行京卡储蓄卡，除了普通提款转账、代收代缴之外，还可代办电话挂号业务。

对于功能的需求倾向，决定了你要保留哪些必要的借记卡。

而信用卡也是银行卡组合中很重要的内容，因为可以"先消费，后还款"，所以可以成为理财中很好的帮手。另外，信用卡可以有很详细的消费记录，这样你每个月就可以在收到银行寄来的或者网上拿到对账单时，知道自己的钱用在了什么地方，这也有助于帮助你养成更好的消费习惯。

二、减肥原则

（1）你应根据自己的实际用卡情况，综合比较，选择一张最适合自己的银行卡。如果你经常出国，那么一张双币种的信用卡就是你的首选；如果你工作固定，外出的机会少，那么就申请一张功能多样、服务周到的银行卡；如果你是个成天挂在网上的"网虫"，不爱出门，习惯一切在网上搞定，那么一家网上银行的银行卡就正好适合你！

（2）一卡多用。不少人把手中的购房还贷借记卡只作为还贷专卡使用，实际上是资源浪费，完全可以注册为在线银行注册客户，买卖基金、炒股炒汇、代缴公用事业费等功能都可以实现，出门消费也可以刷卡。无论是投资还是消费，每月还贷日保证卡内有足够余额即可。

三、清理"睡眠卡"

仅用来存取款的银行卡没有留着的必要，只有存取款需求的人，开张活期存折就可以了，因为功能单一，活期存折不收取费用。

四、把事情交给同一家银行

申请信用卡时，可以选择自己的代发工资银行，这样就可用代发工资卡办理自动还款，省心又省力；水电煤气的扣缴，就交给办理房贷的银行，这样你每个月的固定支出凭一张对账单就一目了然了。

五、不要造成信用额度膨胀

信用卡最大的特点是可透支消费，而且年费比较贵。但如果你手中有若干张信用卡，那么总的信用额度就会超过合理的范围，造成年费的浪费，并有可能产生负债过多的后果。所以，使用一张、最多两张信用卡就已经足够了。当消费水平提高，信用额度不够用时，可以向发卡行申请提高信用额度，或者换信用额度更高的信用卡。

信用卡越多，你的压力越大，你会无休止地为信用卡担心。

在对银行卡进行大清理后，是不是觉得轻装上阵，特别轻松？你的钱包再也不是鼓鼓囊囊的了，而你想密码的时候也不再是对大脑痛苦的折磨了。其实，减少不必要的卡，本身就是一个提高金钱利用效率的好方法！

【理财圣经】

只留1~2张多功能的银行卡，既可购物消费，也可异地支取现金，而且开通了电话银行、网上银行和银证转账，实现一卡在手，轻松理财。

第十章

家庭理财不可不知的那些事儿

家庭理财，规划是重点

家庭理财是理财学中的一个极其重要的分支，它的推广运用为现代家庭带来了很多方便。

从概念上说，家庭理财就是在家庭当中学会有效、合理地处理和运用金钱，简单来说就是要会花钱，让自己的花费能够发挥最大的功效，使买到的东西物有所值。在家庭中，通过利用企业理财和金融的方法对家庭经济（主要指家庭收入和支出）进行计划和管理，可以增强家庭经济实力，提高抗风险能力，增大家庭效用。家庭理财不是单纯地让你一定把一个钱掰成两个钱花，拮据度日，而是要你在节省之余合理分配运用剩下的钱，使"钱生钱"。

俗话说："吃不穷，穿不穷，不会算计一生穷。"家庭收支要算计，"钱生钱"也要会算计。而这种算计，就是我们平时所说的理财。人的一生，总是会遇到一些生老病死、衣食住行方面的问题，而这些问题的解决都离不开钱。因此，家庭理财是我们每一个人都应该掌握的一门功课，它并不局限于家庭收入的多少。

一般说来，一个完备的家庭理财规划包括以下 8 个方面：

（1）职业计划。稳定而优秀的职业薪酬是家庭收入的最重要来源。选择职业首先应该在自我评估的基础上做出合理的职业人生规划，其次积极通过网络媒体、纸面媒体或其他渠道大量搜集招聘信息，进而逐步实现自己的职业目标。

（2）消费和储蓄计划。你必须决定一年的收入里有多少用于当前消费，有多少用于储蓄，以避免成为赚的多、剩的少的"月光族"。与此计划有关的任务是编制资产负债表、年度收支表和预算表。

（3）个人税务筹划。个人所得税是政府对个人成功的分享。在合法的基础上，你完全可以通过调整自己的行为达到合法避税的效果。

（4）投资计划。当我们的储蓄一天天增加的时候，最迫切的就是寻找一种投资组合，能够使收益性、安全性和流动性三者兼得。合理制订个人的投资计划，就可以获得较为丰厚的回报。

（5）保险计划。随着你事业的成功，你拥有越来越多的固定资产，你需要财产保险和个人信用保险。为了你的子女在你离开后仍能生活幸福，你需要人寿保险。更重要的是，为了应付疾病和其他意外伤害，你需要医疗保险，因为住院医疗费用有可能将你的积蓄一扫而光。

人闲钱不闲
你不理财财不理你

（6）债务计划。我们对债务必须加以管理，将其控制在一个适当的水平上，并且尽可能降低债务成本，其中要重点注意的是信用卡透支消费。

（7）退休计划。退休计划主要包括退休后的消费和其他需求及如何在不工作的情况下满足这些需求。光靠社会养老保险是不够的，必须在有工作能力时积累一笔退休基金作为补充。这段时间的主要内容应以安度晚年为目的，投资和花费通常都比较保守。理财原则是身体、精神第一，财富第二，尽量将理财风险降到最低。

（8）遗产计划。遗产规划是将个人财产从一代人转移给另一代人，从而实现个人为其家庭所确定的目标而进行的一种合理财产安排。其主要目标是帮助投资者高效率地管理遗产，并将遗产顺利地转移到受益人手中。

假如你手头有 1 万元现金，你是选择一掷千金和家人好好出去游玩一把或者饱餐一顿，或者是存入银行获得利息，抑或是选择小冒风险投身于股票投资的浪潮之中，还是其他？同样一笔钱不同人会做出不同的选择，没有最优只有最适合，适合自己的就是最好的。

有时候我们离财富其实只有一步之遥，一步之外就是彩霞满天。

理财规划的好处和优势就在于，能提高自己一生中拥有、使用、保护财富资源的有效性。提高个人的财富控制力，避免过度负债、破产、依附他人寻求财富安全等问题的产生。提高个人经济目标的实现力，拥有不再困囿于未来开支的自由感。如果我们

家庭理财规划五大要点

学会节流

做好开源

善于计划

合理安排资金结构

根据自己的需求和风险承受能力考虑收益率

人闲钱不闲
你不理财财不理你

从 30 岁开始理财，那么可以想象，10 年之后当我们 40 岁的时候，其他人可能还在为 10 年前的问题住房、孩子教育、养老等问题继续烦恼着，我们已经达到了财务上的相对自由。

因为有了完备的家庭理财规划，可以在发生财务风险时保护自己和家庭；可以有效减少个人债务；可以毫不费力地支付孩子的养育成本和大学费用；支付孩子将来的结婚费用；为买房、买车添一臂之力；可以使自己能按照希望的生活方式退休；可以有助于支付长期看护费用；可以在未来将财富转移给下一代。

如此看来，三十而"理"，四十而获，以后的时光便能安享财富人生了。

【理财圣经】

有钱理财生财，没钱更要理财。家庭理财需要做好理财规划，用心才有钱。

事倍功半的家庭理财误区

在家里，你可能具有理财意识，懂得节省开支，适当投资。但是否你已经在不知不觉中陷入了家庭理财的误区？在理财中要注意避免进入以下误区，以免使理财事倍功半。

一、认为理财就是省钱

钱不是省出来的，是赚出来的。不要单纯地认为理财就是省钱，就算你有一万块钱，你再怎么省着花，手头的钱也不会多于一万块。但是假如你懂投资，存银行、买国债、购买股票，一万块钱就不单单只是一万块钱，甚至是更多。当然，这也不是说可以不加节制，花钱大手大脚，而是让我们在省钱基础上会花钱，把钱放到真正有用的地方，使"钱生钱"。

二、吝啬

法国批判现实主义作家巴尔扎克在他的名著《欧也妮·葛朗台》中塑造的典型吝啬鬼形象——葛朗台，令人印象深刻。因为对钱过度看重，葛朗台从一个财富的拥有者沦落成为钱财的奴隶，不仅贪婪而且吝啬。他为了财产逼走侄儿，折磨死妻子，剥夺独生女对母亲遗产的继承权，不许女儿恋爱，断送她一生的幸福。在理财中我们要注意避免进入过分省钱的误区。当省钱变成一种吝啬，以理财而达到的幸福感将会沦落丧失，那么理财也将失去最终的意义。

三、求富心切，过度投机冒险

看过电视剧《媳妇的美好时代》的观众都知道里面有这样一段情节：和龙瑾在一起的毛峰听信了龙瑾的发财计划，期望能够大赚一笔，鼓动周围亲戚朋友投资龙瑾的所谓项目，没想到投资成了被诈骗，东拼西凑来的50万血本无归。

财富是很多人追求的目标，但切忌求富心切。急于实现财富梦想的心情可以理解，但要注意风险，过度地投资就等于在自己财产上叠加上了无数的风险，这些财产随时可能因为市场的变动而不再是你的了。而有相当一部分人，不怕风险，急于致富，认

四步走出理财"事倍功半"的困惑

"投资"和"理财"并非一回事

理财涉及的内容比较广，不仅涉及到如何投资来赚钱，还要考虑如何花钱、家庭保障规划，甚至生涯规划等，通过做好这一系列的理财过程，使得家庭实现财务自由，让家庭生活无忧。

制订合理的理财计划

其次，需要制订一个合理的理财计划。制订计划时要根据各个阶段的不同生活状况以及每阶段的理财需求，来制订合理的理财规划。

必须具备理财好习惯

做好理财必须具备理财好习惯：1、做到合理消费；2、每月强制储蓄；3、每日坚持记账；4、只留一张信用卡；5、闲钱做投资；6、保护好个人信用记录。

将鸡蛋放在过多的篮子里并非好事

在投资方面，不少人认为"投资组合越多越好"，这样风险才小。从而导致之后投资追踪困难，出现分心乏力，便降低了投资收益。建议投资者可以精选 2 ~ 3 个自己熟悉的领域来投资。

为人有多大胆，"财"有多大产，却忽略了投资中的风险，像剧中的毛峰一样将所有的钱孤注一掷。他们没有想过，一旦投资失败，全部的积蓄都搭上了，以后的日子怎么过？更有甚者，为了能短期套利，居然会借钱去炒股！那若是失败了，就会外加一笔不小的债务！到时候，不用说是存钱，光是还钱就能让你被压得喘不过气。

在家庭中，理财的资本多是家庭共同财产的集合，在理财中更加应该注意避免过度投机带来的风险。

四、一味广而全

在考虑资产风险时，不少人对一种投资理念可能已经烂熟于心，那就是：要把鸡蛋放在不同的篮子里。然而，在实际运用中，不少投资者却又走到了反面，往往将"鸡蛋"放在过多的"篮子"里，使得投资追踪困难，造成分析不到位，这又会降低收益。其实投资需要分散，但也不要把"鸡蛋"放在太多的"篮子"里，要因人而异，因事而异。

单纯地为了规避可能产生的风险，一味地求广求全，最终很难达到理财的目的。在搭建一个优化的投资组合时，要注重相关性分析，避免了投资的过度集中，从而抵御市场风险。

总的来说，每个家庭具体情况都不一样，最好是在结合自己具体情况下，同时在专业理财人士的帮助下，做好长期理财战略规划，中期理财战术策划，和近期的具体理财安排，并在动态中调整。

大多数对金融不是很熟悉的朋友可能对理财还存有一定的误区，以至于在理财时往往事倍功半。要时刻注意避免进入此类误区，理财有道才能财源滚滚。

家庭理财的 10% 法则

进行理财相关安排时，很多家庭常表示不知如何准备各种理财目标所需的资金。"10% 法则"是指把每月收入的 10% 存下来进行投资，积少成多，将来就有足够的资金应付理财需求。

例如，你每个月有 6000 元收入，那么每月挪出 600 元存下来或投资，一年可存 7200 元；或者，你已经结婚，夫妻都有收入，每月合计有 12 000 元收入，那么一年就可以有 1.44 万元进行储蓄或投资。每个月都能拨 10% 投资，再通过每次进行的复利结算，经年累月下来，的确可以储备不少资金。如果随着工龄的增加薪资也跟着调高，累积资金的速度还会更快。

从每个月的工资中抽出 10% 作为投资储备金并非难事，只是常有人表示偶尔省下收入的 10% 存下来是有可能，但要每个月都如此持续数年可不容易。往往是到下次发薪时，手边的钱已所剩无几，有时甚至是入不敷出，要透支以往的储蓄。会觉得存钱不易的人，通常也不太清楚自己怎么花掉手边的钱，无法掌握金钱的流向；有钱存下来，一般都是用剩的钱，属于先花再存的用钱

家庭理财四个注意事项

不要贪婪

要理性看待投资收益，根据家庭和个人的风险承受能力选择适合的投资项目，财富能实现稳定的保值增值就行。

活学活用

理财还需理论结合实际，活学活用。总结出适合自己家庭的理财方法、投资策略及投资方式。

稳健为王

首先做投资必须拿闲置资金；其次需根据家庭实际风险承受能力来选择适合的投资策略和理财方式；此外还要有平和的心态。

教育好子女

一个习惯好、学习好、财商高的子女会让做父母的少操很多心、少花很多钱。所以，当前"教育好子女"也是为家庭赢得更多财富的一个重要方面。

人闲钱不闲
你不理财财不理你

类型。

这类人若想存钱就必须改变用钱习惯，利用先存再花的原则强迫自己存钱。在每个月领到工资时，先将工资的 10% 抽出存入银行，然后将剩下的钱作为一月的花销仔细分配。

要做到对你的钱分配有佳，使用得当，可以利用记账帮忙达成。也就是说，买本记账簿册，按收入、支出、项目、金额和总计等项目，将平时的开销记下来，不仅可以知道各种用度的流向及金额大小，并且可以当作以后消费的参考。把记账养成习惯，每天都记账，不要记个十天半个月就歇手，这样起不到太大的作用。

另外可以把各类开销分门别类，就可以知道花费在食、衣、住、行、娱乐等各方面和其他不固定支出的钱有多少，并进一步区分出需要及想要，以便据此进行检讨与调整。

需要及想要是常用的消费分类方式之一，例如买件百元上下的衬衫上班穿是需要，买件数千元的外套是想要；一餐十元作为午餐是需要，午餐以牛排满足口腹是想要。透过记账区分出需要与想要后，买想要的东西要三思后行，尽可能压缩想要的开支，你会发现除了一开始从工资抽出的 10%，减去各种支出花销还有部分结余。

所以，每个月拨出收入的 10% 存下来只是个原则，能多则多，实在不行，少于 10% 也无妨；重要的是确实掌握收支，尽可能存钱。

假定有一个身无分文的 20 岁年轻人，从现在开始每年能够积蓄 1.4 万元，如此持续 40 年，并且他每年将存下的钱用作投资，并获得年均 20% 的投资收益率，那么到 60 岁，他能累计起 1.028 1 亿元的财富。这是一个令大多数人都难以想象的数字，亿万富翁就是如此简单地产生的。只要你能够持之以恒地坚持 10% 法则，也许你就是下一个百万富翁！

为了帮助自己坚持 10% 法则，可以利用定期定额投资法持之以恒的累积资金。定期定额是指每隔一段固定时间（例如每个月）以固定金额（例如 5 000 元）投资某选定的投资工具（例如某共同基金），根据复利原则，长期下来可以累积可观的财富。

【理财圣经】

坚持家庭理财的法则，有助于规避理财弯路。

多米诺骨牌效应对投资理财的启示

多米诺骨牌是一种用木头、骨头或塑料制成的长方形骨牌，源自我国古代的牌九。玩时将骨牌按一定间距排列成行，轻轻碰倒第一枚骨牌，其余的骨牌就会产生连锁反应，依次倒下。"多米诺骨牌效应"常指一系列的连锁反应，即"牵一发而动全身"。

引水方知开源不易，开山之作最费力。万事开头难，不管你是打算周末旅游，还是打算写一篇博客文章，或者是白手起家开创自己的事业，走出第一步，都是非常关键非常重要的，往往也是最难的。只要克服了这个阶段，后面的发展，自然会水到渠成，顺利展开。开始越是艰难，往后越是顺利。就算第一次失败了，只要能从中学习进步，下一步的成功也为期不远。

商业界人士一直很看重所谓的"第一桶金"也是同样的道理。无论你第一次经商的结果如何，赚到利润的多少，关键在于通过第一桶金的挖掘，你迈出了艰难的第一步，并从中吸取经验教训，为下一次尝试找到正确的方向。一旦打开光想不做的僵局，就像打开了一道通往外面世界的大门，也许你即将发现另一片广阔天地。

家庭理财，不外乎开源节流。最常见的累积手法是存钱——存工资，每个月存工资。年轻的时候养成储蓄习惯，不但是给自己的承诺，也是培养财商、积累财富的基本手段。工薪最适宜的存款方式是零存整取，每个月存一点进去，定时定量，很有规律，积少成多的过程也令人得到成就感。有一天，你打开存折会忽然发现，原来都存这么多了。

经过一段时间的原始积累，获得一定数额的固定财产之后，就可以开始考虑通过其他的投资手段来实现财富的增值了。除了收益率偏低的银行储蓄，目前常见的渠道还有国库券、货币基金、股票、房地产等多种理财方式。这时需要拿出一点钻研的精神，找准适合自己家庭的投资方向，勤学肯问，让自己成为"业余的专家"，这是一个双赢的局面：财富和知识齐头并进。

当然，在你投资理财时，除了存折上的数字，还要考虑抵御风险的能力。不要一味追求高收益，把所有的钱放在一个篮子里。在医疗制度不完善，社会保障水平不够的情况下，居安思危的忧患意识，也是很重要的。投资生钱固然可以，但也要记得流出部分钱投入医疗保险、失业保险等稳定性的理财产品。因为天有不测风云，料不准你哪天会突然生病或失业，到那时所承担的财产损失会更大。

生活中的投资和理财，就好像一串多米诺骨牌，首先要小心排好每一张牌的位置，不要让坏习惯毁掉之前的辛勤努力；从第一个牌开始做好理财规划，持之以恒，最后只要选择好正确的时机轻轻一推，就可以等着看你期望的美丽图案。

【理财圣经】

投资理财犹如玩多米诺骨牌，要小心排好每一张牌。

家庭理财——记好，看好

有很多家庭都有理财的打算，但一具体到如何理财，很多人又立刻犯了难：家庭财产究竟如何打理？如何做能更加可行？下面我们给出了两条可行建议以供参考：

一、记好家庭理财这笔账

在家庭理财中记账最为实用。一说记账有人就乐了，"不就是记账么，这还不简单？"但是记账确确实实是一门学问，人人都会记账，未必人人都懂得记账。

首先，要明确记账的目的和内容。

记账不单是简单记录一些家庭的收支数据，更重要的是通过掌握家庭财产信息，明确哪些是家庭必要开支，哪些是可节省下来的开支。通过记账对家庭资产与负债有所了解，对收支状况进行分析。所以记账是基础，是为以后理财做基础数据。如果没有这个，家庭理财就是无本之源。记账除了记录一些数据外，还可以随手记录一些新鲜的理财理念、最新的财务和投资预算，以及理财心态的变化。

其次，要学会记账的方法。

许多人的记账，就是把每天的开支一笔笔地记下来，完全是流水账，不统计分析，也不控制，更无规律。这样的记账方法很难持之以恒，就算勉强坚持记录下来，也只能像一些琐碎的日记而没有起到实质性的理财作用。

实际上，家庭记账也是一门科学，必须按照科学的方式来进行，才能有效果。

再次，要会利用理财软件巧记账。

家庭事务比较零碎，特别是家庭开支方面事无巨细。工作回家已是疲惫不堪还要用纸笔来记账，确实不太容易。你可以选择合适的理财软件来帮忙记录，免去动笔的麻烦。要想坚持记账，一个是要减少记账的工作量，二是要降低记账的枯燥性，三是要记出效果来。

分析过家庭的收入与支出类型的人都知道，家中超过半数以上的收支是周期性的，如工资、津贴、房租、上网费等，只有一些日常生活消费如食品、日用品是不固定的。因此，利用每月周期性的收支事务，由网络账本来自动记账或提醒记账，就可大大减少你工作量，只需花 1/3 的时间就够了。

软件记账可以实时进行统计分析，如收支分类统计，比较图，账户余额走势图，每月收支对比，收支差额，预算与实际对比等。有这样图表，就不会枯燥。如果是纸笔来记，你会花费时间在每个月底作统计与分析吗？所以这些事后的工作交给软件自动完成，又省了不少事。

再就是利用好软件中的理财目标，财务报警计划，收支预算等项目，使自己真正地走到理财的专业性上来。

二、不光会记，还要会看

租房子 1500 元，交通费 600 元，理发 180 元，买菜 900 元……刘太太看着自己记的账单心疼不已，不到半个月家里开销就这么大了，也没见买什么大件商品可是钱就一天天出去了。她觉得很奇怪，她也是天天记账，可是家里的开销就是不见少过。

很多人有刘太太这样的疑惑，感觉天天记账，却不怎么见有效果。记账没错，可是他们却不懂得如何看账。同样是看账本，但许多人根本就算不清楚账单应该怎么来看。他们往往是凭借自己的感觉来判断该不该花，该不该拿钱出来投资。

其实，看账本搞形式主义。在家庭理财中，你应该懂得看账本的方法。要通过看账单，分清哪些钱该花，哪些钱不该花，看一下不该花的钱下次能不能省出来。同时通过掌握家里的收支状况合理安排家庭剩余财产，根据自家的情况作出合理安排。

平日里除了看账单，总结家庭支出的不足以待改进，还要养成每天看新闻和读报的习惯。把看电视剧的时间节省下来看新闻，并且每天看报纸，可能你会觉得这种事太简单了，但做起来并不简单，枯燥难懂的经济学用语可能会让你头痛，报纸上密密麻麻的字也会让你产生压迫感，但毅力是让你成功地走上有钱人生活道路的秘诀。为了投资股票，你要开始关心政府政策，要把读报的习惯坚持下去，这样会使你了解经济运行的规律，如果连这些努力都不想付出，你是无法从股票投资中获得利的。

看财经报纸最好利用坐地铁或者搭公交车的时间。上下班的时候坐地铁的人会有很多，你可能会想："这里拥挤得连呼吸都困难，怎么看报纸？坐着睡一会儿才是最舒服的！"可是只要比平常早出门20分钟，就可以避免严重的交通堵塞，还能在很宽敞的空间里看报纸。

看报纸内容其实也有技巧，要多看财经版块的金融行情，因为那会对你的理财投资项目有直接影响，其次也要总结别人的理财经验作为自己的借鉴。不只看热闹，还要看门道，久而久之你也会成为一名理财专家。

【理财圣经】

总的来说，家庭理财要坚持两点：利用软件巧记账；多看报纸和金融书刊。秉持以上理财要点，相信你很快便能够让自己的家庭不为钱财所困扰。

家庭理财困难的事情——细数

在理财市场蓬勃发展的今天，仍有些人对理财望而却步。究其原因，一方面在于欠缺理财理念，另一方面则是未对理财目标加以定位，显得甚为盲目。其实，理财并非有钱人的专利，每个人只要明确理财目标，想好了再行动，就有希望将之实现。但是很多人却发现理财并不是一件简单的事情，里面也是存在重重困难。

一、难以下定决心

作出理财这个决定是迈出开始理财的第一步。有人说，我家的总收入就没多少，不需要理财，这是绝对错误的，这正是一些人终生贫穷的根本原因。因为理财不仅是使家庭有形资产增值，而且会使家庭内部的无形资产增值。也有许多人认为，"理财"等于"节约"，进而联想到理财会降低花钱的乐趣与原有的生活品质，没办法吃美食、穿名牌，甚至被"不幸"地归类为小气的守财奴一族。对于喜爱享受消费快感的年轻人来说，难免会不屑于理财，或觉得理财离他们太遥远。

其实，理财并不是一件困难的事情，而且成功的理财还能为你的家庭创造更多的财富，困难的是自己无法下定决心理财。如果你永远不学习理财，终将面临坐吃山空的窘境。许多功成名就的社会精英，其成功的重要因素之一，就是有正确的理财观。而越成功的人就越重视理财，因为他们早已体会到了理财的乐趣和好处。

万事开头难，在理财中最难的莫过于下定理财决心。如果你作出了决定，其余的事情相对来说都是小事情了。实际上，任何事情中作决定都是最困难的。这个世界上，谁最关注您的财富？谁最关注你的家庭？是你自己！实际上任何理财活动都是需要你自己去决策的。就算是你找到了一个真正的理财专家帮您，他也只会提出建议，最终的决策还得靠自己，何况理财专家最关注的也只是他自己的财富！所以要想达到理财目标，必须自己参与理财活动，提升你的理财能力。

二、难以持之以恒

家庭理财，贵在持之以恒，循序渐进。面对财富，我们不能只停留于想象，更重要的是要运用一些合理的可操作手段来处理它，坚持做下去，使之像滚雪球一样越滚越大。

开学第一天，古希腊大哲学家苏格拉底对学生们说："今天咱们只学一件最简单也是最容易做的事儿。每人把胳膊尽量往前甩，然后再尽量往后甩。"说着，苏格拉底示范做了一遍。"从今天开始，每天做 300 下。大家能做到吗？"学生们都笑了。这么简单的事，有什么做不到的？过了一个月，苏格拉底问学生们："每天甩手 300 下，哪些同学坚持了？"有 90％的同学骄傲地举起了手。

又过了一个月，苏格拉底又问，这回坚持下来的学生只剩下八成。

一年过后，苏格拉底再一次问大家："请告诉我，最简单的甩手运动，还有哪几位同学坚持了？"这时，整个教室里，只有一人举起了手。这个学生就是后来成为古希腊另一位大哲学家的柏拉图。

世间最容易的事是坚持，最难的事也是坚持。说它容易，是因为只要愿意做，人人都能做到；说它难，是因为真正能做到的，终究只是少数人。家庭理财不是一朝一夕就能够完成的事情，成功的家庭理财就是在于坚持。这是一个并不神秘的秘诀，但是做到却是真的不容易。

真正阻碍我们投资理财持之以恒的往往是惰性。它是以不易改变的落后习性和不想改变老做法、老方式的倾向为指导，表现为做事拖拖拉拉，爱找借口，虚度时光而碌碌无为。在财富的规划上也是一样。很多人不是没有对财富目标的畅想和追求，只是想法和目标往往在拖拉与借口中变成了泡影。财富就像草原上疯跑的羊群，我们只有早一天拿起鞭子把它们圈进自己的羊圈，才有可能早一天收获财富。如果当第一只羊从你面前跑过去的时候，你因为正在睡觉而没能及时把它圈住，当第二、第三只羊从你面前跑过时，你又因为正在吃饭没能圈住它，一而再再而三，最后只好望"羊"兴叹了。

规避理财惰性的最好办法就是给自己上一个闹钟，时刻提醒着，让我们避免各种借口下出现的疏漏。基金定投就好比一只家庭理财的"闹钟"，通过定期定投的"强制性"来克服人们与生俱来的惰性，从而聚沙成塔，获取长期投资收益。同时，基金定投还具有摊薄成本、分散风险以及复利增值的优点，比较适合有固定收入的上班族、于未来某一时点有特殊资金需求者以及不喜欢承担过大风险的投资者。

就像春天的播种是为了秋天的收获一样，今天的理财也是为了明天的收获。等待秋收的老农从不吝啬耕耘的汗水，同样等待收获的我们又有什么理由吝啬于打理财富呢？

从今天做起，下定理财决定之后，做好理财规划，然后每天每月地坚持把理财计划落实到位，明天你也可以成为富人。

【理财圣经】

方法总比困难多，只要你有足够的决心，并能够持之以恒，所有的困难都将只是你成功理财之路上的垫脚石。

理财中的小定律大哲学

就像牛顿定律作为古典力学的基本定理一样，家庭理财也有一些基本定律需要遵循。这几条理财的数字定律非常简单，容易为我们这些非专业人士所理解，并为生活提供一些指导。

一、家庭收入慎安排——4321定律

家庭收入的合理配置比例是，收入的40%用于供房及其他项目的投资，30%用于家庭生活开支，20%用于银行存款以备不时之需，10%用于保险。

例如，你的家庭月收入为2万元，家庭总保险费不要超过2000元，供房或者其他证券投资总起来不要超过8000元，生活开销控制在6000元左右，要保证有4000元的紧急备用金。

小贴士：本定律只是一个大致的收入分配模型，不同家庭

的具体分配会根据风险偏好、近期目标、生活质量设定等有所变动，但定律的作用就是提供最基本的依据。

二、投资期限肚中明——72定律

不拿回利息，利滚利存款，本金增值1倍所需要的时间等于72除以年收益率。

公式：本金增长1倍所需要的时间（年）=72÷年回报率（%）

例如，如果你目前在银行存款10万元，按照年利率3.33%，每年利滚利，约21年半后你的存款会达到20万元；假如你的年收益率达到5%，则实现资产翻倍的时间会缩短为14年半。

小贴士：为了缩短你的财富增长速度，就需要合理组合投资，使组合投资的年回报率在可承受的风险范围内达到最大化。

三、炒股风险看年龄——80定律

股票占总资产的合理比重为，用80减去你的年龄再乘以100%。

公式：股票占总资产的合理比重＝（80－你的年龄）×100%

例如，30岁时股票投资额占总资产的合理比例为50%，50岁时则占30%为宜。

小贴士：随着年龄的增长，人们的抗风险能力平均降低，本定律给出一个大致的经验比例。需要说明，这个比例与4321定律所指出的40%的比例需要比较，主要考虑基数是家庭收入还是总资产。

四、房贷数额早预期——31定律

每月的房贷还款数额以不超过家庭月总收入的1/3为宜。

公式：每月房贷还款额 = 每月家庭总收入 ÷3

例如，你的家庭月收入为2万元，月供数额的警戒线就是6666元。

小贴士：本定律可使你避免沦为"房奴"。需要注意，4321定律要求，供房费用与其他投资的控制比例为40%，即1/2.5，其中1/3（即33%）若用于供房，以此推算，则收入的7%可用于其他投资。

五、保额保费要打算——双10定律

家庭保险设定的恰当额度应为家庭年收入的10倍，保费支出的恰当比重应为家庭年收入的10%。公式如下：

家庭保险额 = 家庭年收入 ×10%

例如，你的家庭年收入为20万元，家庭保险费年总支出不要超过2万元，该保险产品的保额应该达到200万元。

小贴士：本定律对投保有双重意义，一是保费支出不要超限，二是衡量我们选择的保险产品是否合理，简单的标准就是判断其保障数额是否达到保费支出的100倍以上。

【理财圣经】

理财很高深，却也很通俗。要走好自己的家庭致富之路，除

了要学习前人的经验，也需要自己的实践。这些理财定律都是生活经验的总结，并非一成不变的万能真理，还是需要根据自己的家庭情况灵活运用。

家庭理财，五账单不可少

安全与保障是人生最大的需求。人生中的不同阶段会面临不同的财务需要和风险，由此产生的财务需求均可通过保险来安排。保险的功能在于提供生命的保障、转移风险、规划财务需要，这已成为一种重要的家庭理财方式。提起商业保险，许多人爱恨交加。爱是因为它是生活的必需，恨是因为条款太过复杂，听上去总是一头雾水，难以选择。

挑选保险产品首先要考虑的是自己和家人处在人生的哪个阶段，有哪些需求是必须保证的，再根据不同阶段的不同需求，结合家庭经济状况，选择适合的产品。

保险首要的功能就是保万一。它具有将人们老、病、死、伤带来的经济风险转移给保险公司的功能，使人们保持生命的尊严，家庭保持正常的生活水准。其次，它又是一种规划家庭财务、稳健理财的有效工具，让人们在"计划经济"下平安一生。同时，它还具有储蓄、避税、投资等功能。人们可以根据不同险种的不同功能，选择适合自己的产品。

从踏上红地毯那一刻，家庭生活即拉开帷幕。购房、购车、养育孩子、治病、养老，在整个历程中，至少要选好 5 张保单。

一、大病保单——堵住家庭财政的"黑洞"

理财专家常说，疾病是家庭财政的黑洞，足以令数年辛苦积攒下的财富瞬间灰飞烟灭。

现行的医疗保障体系（简称医保）也不容乐观。一方面，现有的医保制度是以广覆盖、低保障为基本原则的，而且随着参保人员的不断增加，保险受益会"越摊越薄"；而另一方面，医药费用却是以一个不小的比例每年都在增长。这之间的差距无疑会给家庭带来更沉重的经济负担，何况医保也不是百分百报销，还有不少自费项目、营养和护理等花费，因此看病的花费真是"无底洞"。

再有，医保实行的是个人先垫付、医保机构后报销的制度，如果生一场大病，需要几万甚至几十万元医治，那么自己就必须先垫付这几万或者几十万元钱？你准备好了吗？

购买商业重大疾病保险，就是转移这种没钱看病的风险、及时获得经济保障的有效措施。每年将一部分钱存入大病保险，专款专用，一旦出险，就可以获得保险公司的赔付，甚至会收到以小钱换大钱、使个人资产瞬时增值的效果，以解燃眉之急。

重大疾病保险只赔付保单所约定的大病，如果得了其他的病，需要住院手术，想获得赔付，就要选择一些适合自己的附加险种，如防癌险、女性大病险、住院医疗险、住院收入保障保险等，还可以大人上大人险，小孩上小孩险，经济实惠。

二、人寿保单——爱的承诺，家的保障

在日本有一种习俗，订婚的时候，男方要买一张寿险保单，以女方为受益人，这是一种爱与责任的体现。西方许多国家也都有类似的习惯，结婚后，夫妇双方各买一张以对方为受益人的保单，在自己出现意外之时，爱人仍然可以在原有的经济保障下维持正常生活。

花明天的钱、花银行的钱已经不是生活时尚，而是生活事实了。虽然背着贷款的日子过得有滋有味，可是，万一家庭经济支柱出了问题，谁来还那几十万甚至更多的银行贷款？这个风险也可以用人寿保单转移。开始贷款时，应该计算出家庭负债总额，再为家庭经济支柱买一份同等金额的人寿保险。比如贷款总额是80万元，就可为家庭经济支柱买一份保额为80万元的人寿保险，一旦生活中出现保单条款中约定的变故，就可以用保险公司的赔付金去偿还房贷与车贷。这张保单就是为个人及家庭提供财富保障的。

当我们选择这类险种时，一些小的细节也不能忽略。比如买房险不一定去指定的保险公司，可以像购买其他商品一样货比三家。当然首先应选择有实力的品牌公司和符合自己利益的条款，价格也很重要！

三、养老保单——提前规划退休生活

30年后谁来养你？这是我们现在不得不考虑的问题。我们努力工作、攒钱，习惯性地把余钱存入银行，但面对通货膨胀的

压力，我们的存款实际在"缩水"。而且，在过去"只生一个好"的政策下，我们中的绝大多数只有一个"宝"，可你想没想过未来出现两个孩子负担4个老人生活的局面，对孩子无疑是一种巨大的压力？规划自己的养老问题，是对自己和儿女负责的表现。

我们的社会保障中也有一份基本养老保险。个人缴费年限累计满15年，可以在退休后按月领取基本养老金，其金额取决于你和单位共同缴费的数额、缴费年数和退休时当地职工社会平均工资标准。但这只够维持一般的生活。

如果想在退休后直至身故仍能维持高质量的生活，那么就从参加工作开始，考虑买一份养老保险吧。养老保险兼具保障与储蓄功能，并且大多是分红型的，可以抵御通货膨胀，所得的养老金还免交个人所得税，这个险种买得越早越便宜，收益越大。

有些人会认为养老的事老的时候考虑也不迟，事实上那已经晚了。在能赚钱的年龄考虑养老问题，未雨绸缪，才是最有效的。

四、教育及意外保单——孩子健康成长的财政支持

准备教育基金有两种方式：一种是教育费用预留基金。另一种方式是买一份万能寿险，存取灵活，而且另有红利返还，可以做大额的教育储备金。

儿童意外险是孩子的另一张必备保单。儿童比成人更容易受到意外伤害，而儿童意外险可以为出险的孩子提供医疗帮助。

有些家长为表示对孩子的关爱，会为孩子购买金额非常大的保单，甚至超出为父母购买的保单金额，从理财角度来说，这是不理

性也是没必要的。保单的规划原则一定是为家庭支柱购买足额保险，这样才能保证家庭的财务支出在遇到风险时也能稳健前行。

五、遗产避税——不得不说的"身后"事

50岁以后，另外要考虑的是遗产问题。遗产税是否开征虽然争论多年，但它是社会财富积累到一定阶段的必然，只是一个时间问题。另外，遗产税税率很高，国内讨论中的税率约40%，这对很多人来说都是难以接受的事情。因此，保险避税已经成为很多中产人士的理财选择。

遗产避税可以选择两种保单，一种是养老金，另一种是万能寿险。因为无论被保险人在或不在，养老保险都可以持续领20年。只要将受益人的名字写成子女，就可以在故去后规避遗产税。

万能寿险也是同样的原理，将受益人写孩子的名字。存第一次钱后，随时存，随时取。身故后所有的保险金也都将属于受益人。

【理财圣经】

安全与保障是人生最大的需求，根据不同阶段的不同需求，结合家庭经济状况，选择适合的保险产品。

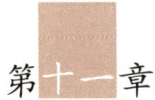

第十一章

养老理财计划：退休后，你拿什么养活自己

你不得不面对的养老问题

人生进入老年，收入减少了，身体变差了，不得不面对的疾病和医疗问题增加了。这对大多数老年人来说，都成了棘手的问题。其实老年人不过就是希望能够老有所养，能够看得起病，但是能满足这样的条件并不容易。

目前存在的养老问题主要是：

一、老龄工作者的苦恼——就业的不稳定

很多老年人在退休后，出于经济的压力，为了自己以后生活考虑，工作的愿望还很强烈。他们十分希望能有更多公司能为其提供岗位，可是综观老龄工作者的市场，他们的就业状况不容乐观。

（1）本身适合老年人的工作较少。目前，中老年人才市场上的用人单位大部分是第三产业，其需要的是身体素质好的工作人员，而老年人才的体能根本无法适应相应的劳动强度。并且求职的老年人大多希望能离家近，方便些，但是有些工作不可能照顾到这一点。

（2）附加技能条件高。现在的老年人，懂电脑、会外语的人不多，但越来越多的公司开始附加这样的条件，或者要求一些高技术的标准，而大多数老年人都不能掌握这些。对于这些老年人，想要找到一份工作最好还是先参加相关知识培训，这样比较容易就业。

（3）年轻人的错误观念。有技能、有经验的老年人很容易找到工作，因为很多用人单位都优先录用退休人员。一来退休人员经验丰富，可以直接上岗；二来在具有同等工作能力、付给相同薪水的情况下，企业可以不为退休人员缴纳社保金。所以有的年轻人对老年人找工作十分反感，认为是和自己在抢工作。实际上，老年人再就业并没有那么大影响。

（4）再就业情况不均衡。尽管现在有很多网上的、校园的招聘会面向中老年人，但是仍可以看出，老年人才就业呈现出高级人才供不应求，而普通下岗人员求职艰难的局面。再就业情况差别甚大。例如，在市场上，审计师、评估师、会计师、老医生、老编辑等都非常"值钱"，因为他们有丰富的经验和良好的品格，或者有良好的人际网络，这些都是用人单位所需要的。而以前守夜看大门的老大爷一旦退下来，就很难再找到什么工作了。

针对这些老年人就业的情况，社区和社会应当逐渐拓宽中老年人就业渠道，帮助中老年人就业。最好是能为老年人提供一些免费的电脑和英语培训，使老年人能更好地与社会接轨。

二、付不起的账单——高昂的医疗支出

基于老年人的体质特点，他们本身就是一个易发病的群体，患病率要明显高于其他年龄组的人群，尤其是老年人的呼吸系统、循环系统，以及肌肉、骨骼、结缔组织特别容易发病。可以说，人一旦进入老年，便时刻受到疾病的威胁，而老年人对疾病的抵抗和反应能力较弱，很容易生病。一旦发病，他们的病情很容易恶化。

老年人患病的现象极为常见，一人患多病的情况也不少见。如一位老年人可能同时患有高血压、冠心病、糖尿病等多种疾病。这些都说明了老年人更需要医疗照顾，但是，现在住院治疗的费用高，而老年人一般都需要长期医疗护理，这笔费用是他们根本负担不起的。尤其是在农村生活的老人，就更加难以承担相关的费用。

三、晚年不易"安"享——直面不断上升的生活成本

现在退休的老年人多数为 50 多岁，上有老人，下有儿女，生活负担仍然很重。尤其是在面对通货膨胀、物价上升时，他们的生活便开始捉襟见肘了。

北京市海淀区的李大爷说，他今年退休，家里上有老母，下有儿子，而儿子在北京念大学，一年至少要花上 1 万，可是他和老伴的收入加一起每个月不过 2 000 元，一个月下来，日子过得紧巴巴的。如果这样下去，他真的不知道还能支撑多久，万一家里有一个人生病了，这日子可怎么过？他一直想再找份工作，好缓解一下家里的经济压力。

人闲钱不闲
你不理财财不理你

据统计，北京像李大爷这样的人还有很多，他们多是下岗或已经退休，可是忙活了一辈子，老了还不能安享晚年，整日为了生计发愁。面对不断上升的生活成本，他们手足无措，日子越过越艰难。

近年来，物价上涨幅度较大，尤其是粮食、肉类等，奶制

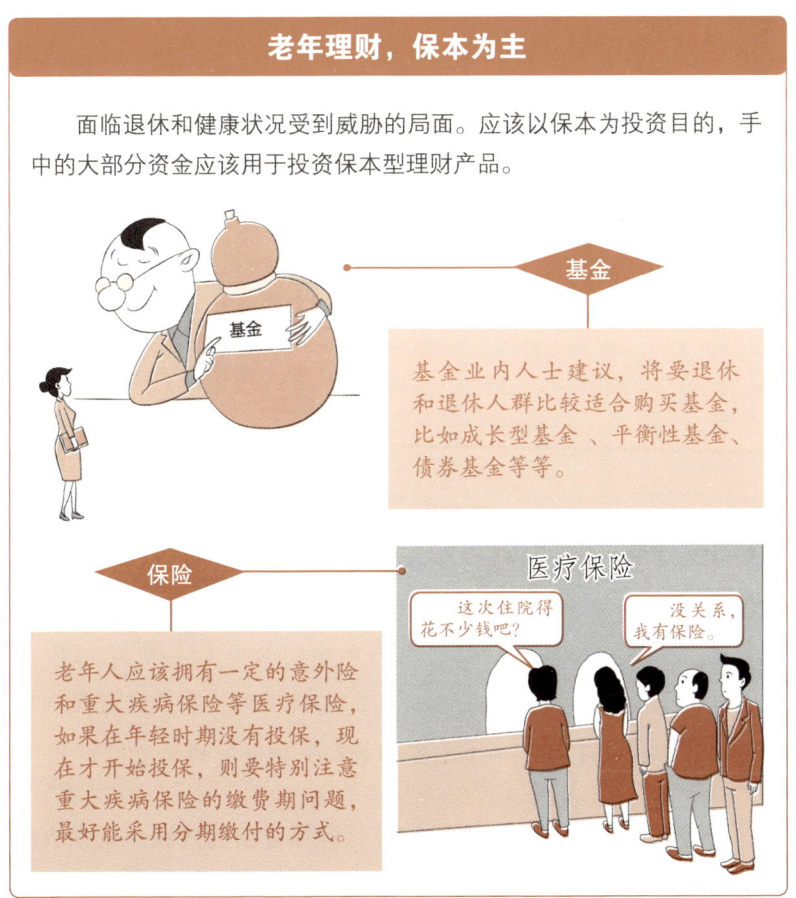

老年理财，保本为主

面临退休和健康状况受到威胁的局面。应该以保本为投资目的，手中的大部分资金应该用于投资保本型理财产品。

基金

基金业内人士建议，将要退休和退休人群比较适合购买基金，比如成长型基金、平衡性基金、债券基金等等。

保险

老年人应该拥有一定的意外险和重大疾病保险等医疗保险，如果在年轻时期没有投保，现在才开始投保，则要特别注意重大疾病保险的缴费期问题，最好能采用分期缴付的方式。

医疗保险

这次住院得花不少钱吧？

没关系，我有保险。

品，甚至连方便面的价格都在上涨。生活成本不断上升，生活压力不断增加，对于年轻人来说都是很郁闷的事情，何况是老年人？于是大多数老年人放弃了安享晚年的想法，再次出来就业。这也是现在中老年人才急需再就业的原因。

另外，成年子女不赡养老人，也为老人的晚年生活罩上了阴影。本来老人为儿女付出了一生，但是老了，儿女却因为自己的经济负担，而不愿意照顾老人。即便老人有些养老收入，也只能勉强维持生活，一旦生病，根本不可能支付得起。

所以，对于老年人说，在生活成本不断上升的今天，想要安享晚年，已经十分不容易了。

【理财圣经】

人生进入老年，收入减少了，身体变差了，不得不面对的疾病和医疗问题增加了。因此，人人都需要未雨绸缪，妥善解决养老问题。

现在理财，为美好的未来准备

电视上曾有过这样一组有趣的画面：高尔夫球场上，110岁的麦老太太挥动球杆，可是球却怎么也找不到，最后发现是一杆就进洞了，这破了另一个101岁的老人一杆进洞的纪录！

看着电视里老太太灿烂的笑容、黝黑健康的皮肤，观众大概都会产生羡慕之情，她怎么能过得那么休闲，毕竟高尔夫素来是

人闲钱不闲
你不理财财不理你

贵族运动呀，也许是她有很多的房产，现在在收租金度日？也许年轻时她就提早准备了一生的财富？也许是继承……

其实这些都不重要，重要的是，我们到底需要多少钱才够养老？你算过这笔账吗？

国际上常用的计算方法是通过目前年龄、估计退休年龄、退休后再生活年数、现在每月基本消费、每年物价上涨率、年利率等因素来计算。退休的年纪可以先预估，男性大致在 60 岁左右，女性大致在 55 岁左右，投资期限就是预估退休的年龄减掉开始的年龄。以抗风险能力来说，年轻时可承担高风险，越接近退休年龄，承受风险的能力也就越低，能做的投资选择也就跟着减少。当然，您也可以和自己的社保养老金账户相结合起来看，这样的话就能更加明确了。

很多人对自己的养老规划没有概念，大多数人说："我单位有养老保险。"还有的人说："现在还早呢，想那么远干吗？"可是如果我们简单地算一笔账，你的想法也许就会改变。

首先我们用一个保守的算法，暂不考虑通货膨胀的因素。

假如你准备 60 岁退休，退休后你每月需花 1000 块钱，我们按平均寿命 80 岁来计算，你将需要：$1000 \times 12 \times 20 = 24$ 万元的养老金；假如每月需花 2000 元，你将需要：$2000 \times 12 \times 20 = 48$ 万元的养老金。

如果你的身体很健康，生活也很美满，活到 100 岁呢？答案是：活到 100 岁，每月 2000 元，你就将需要 96 万元的养老金！

事实上，几十年间不可能不发生通胀，假如我们以3%的通胀计算，如果每月支出1000元，而你的寿命是80岁，那么，你将需要花将近60万元；如果按每月支出2000元计算，则将近120万元。

上述计算以3%的通胀计算，通过30年的复利，为30年前的2.42倍。我们可以回顾改革开放30年来，我们的工资涨了多少倍，我们的物价涨了多少倍，数值远远不止2.42倍。

当我们在工作时，通胀可以通过工资的上涨来弥补，但是当我们退休以后，没有了收入，固定的养老金是不能有效抵御通胀的。所以你的养老时间越长，你要考虑的通胀也就越大，你需要为此做好更充分的准备。

换句话说，如果你60岁开始养老，估计活到80岁，你就得考虑20年的通胀因素，估计活到90岁，你就得考虑30年的通胀因素。

当看到以上的计算结果后，你准备用多少年来准备你的养老金？目前中国大多数人都在用领取社会基本养老保险加上多年工作攒下的家底来养老，但如此之大的资金缺口，意味着没有规划的养老钱作为退休后的来源根本不够。这需要我们从年轻时开始进行个人财务规划，确立目标，合理投资，以使得自己的晚年生活少一些忧虑。

【理财圣经】

除非你有信心在退休之前赚到上百万，否则就得从现在开始学会理财，为将来做准备。

人闲钱不闲
你不理财财不理你

走出理财的五大心理误区

提到退休，大部分人都知道要做退休计划，才能保证将来"老有所养，老有所乐"。

但你知道有些常见的心理陷阱，会不利于计划的执行吗？错误的心理会影响退休理财规划的成效，导致退休后理想与现实有太大的差异。有了妥善的退休规划，首先是要走出心理认识上的误区，才能保证执行过程的顺利。

误区一：优先考虑其他财务计划

现实生活中，失业、离婚、疾病、残疾，不计其数的原因常常导致我们将养老作为一个遥远的目标被束之高阁，人们优先考虑的是那些更紧迫的财务计划，像付房贷、换新车等。事实上，即使没有灾难性事件发生，很多家庭的预算已经非常紧张，不能早早为养老做储蓄。其实这些并不能成为推迟养老规划的理由。

退休规划好比登山，越早出发，到达山顶就越容易；退休规划得越早，为养老投资的时间就越长，投入的成本也就越低。

养老金的储备追求的是一种低风险的长期投资，它和家庭的其他需求支出储备不同，养老金的储备要带有强制性，不能因为家庭临时用钱而中止储备。因此，在进行养老储蓄时，一定要预先规划好家庭经济，留够备用金，这样才不致轻易中断。

当然，如果年轻时其他生活开支较重，用于养老储蓄的资金量可以少放一点；反之，则可多放一点，关键在于要早早树立这样的意识。

误区二：过度想象退休需求

想到退休生活，有些人会想到环游世界，锦衣玉食。对于未来不切实际的想象，容易造成退休规划上设定不切实际的目标。比如，平常生活比较节俭的夫妻，也会想象着"每年至少一次出国旅游"、"生病要住高等级的病房"……于是算下来，使得必须准备的退休金高得无法再做退休规划。

事实上，设定过高的退休金目标，会使筹措退休金的难度加大，而且在相应的投资工具和资产配置选择上也易产生偏差。所以，退休金目标的设定要符合生活现状，避免设定得过高。

银发族理财有十诫

老年人退休后并无太多稳定的收入来源，因此要好好安排理财计划，特别是避免踏入一些常见的投资理财误区。

1. 切莫轻信他人
2. 莫贪图高利
3. 不要盲目为他人担保
4. 别太多涉足高风险投资
5. 保险不宜买太多
6. 投资不宜过于单一
7. 理财不可以没规划
8. 避免无计划消费
9. 切记压上毕生积蓄投资
10. 莫忌讳立遗嘱

人闲钱不闲
你不理财财不理你

误区三：低估通货膨胀率产生的后果

储蓄是达成理想退休生活的基本方法，很多人也倾向以定期的存款来累积未来退休所需的财富。但只采用这种退休金积累方式的人群，往往忽略了一个非常重要的因素，那就是通货膨胀对于储蓄金的侵蚀力。

由于储蓄这一投资理财过度保守，虽然安全性极佳，但收益率很低，很容易导致资产成长率赶不上通货膨胀的速度。所以，在依靠储蓄节流下部分收入后，为了更好地获得足够的退休金，还要搭配一些较积极的投资工具，尤其是距离退休还有一二十年的人，不妨采用定期定额投资基金、绩优股票或投资型保单来预防通货膨胀带来的负面影响。

误区四：高估通货膨胀率

你是不是总担心通货膨胀"吃"掉你的钱？预算未来的生活费时，把通货膨胀考虑进去是对的，到底通货膨胀的威力有多大？我们说，既不要忽略这个"敌人"，也不要高估对方的威力。太过高估的话，会给自己造成无谓的压力。合理的通货膨胀率可参照过去 10 年的平均通胀标准，建议推算退休金时，应以适当的比率，如 3% 或 4% 推算，否则可能造成压力太大，反而降低执行的意愿。

误区五：盲目从众赶流行

退休规划关系到你的余生，市面上五花八门的理财计划，不见得全部适合你自身，拿来进行规划，千万不要盲目追赶流行。

可依据距离退休时间的长短、个人的投资属性及风险承受力，选择不同的规划工具。

【理财圣经】

老年人，相对于年轻人来说，接触的理财知识少，对理财中的种种误区、陷阱还不甚了解。若是知道自己对这些了解得不够透彻，最好在理财时采取谨慎措施，只对自己有把握的投资项目进行投资，只做自己能拿得准的决定。

"以钱生钱"巧理财

陈老先生是某公司的财务会计，平时对数字就十分敏感，所以过日子精打细算。如今退休了，他每天待在家里觉得很闲，只出不进让他很担心以后的生活。

前些天碰到了几个老朋友，老陈发现他们都在投资国债，虽然收益不是很高，可是至少比存在银行好。老陈觉得这个方法不错，自己毕竟是从事过经济方面职业的人，对这些东西都很通，为什么不试试投资外汇、股票什么的？以前的知识可能不够用了，但学起来也不费力。

这样，老陈就开始留意身边的股市和外汇市场的信息，并学习和补充了一些最新的知识，经过自己仔细的研究分析，进行了初步的投资规划，然后选准了投资对象，并将手头的一部分钱分别投在了两个市场上。后来，老陈果然投资成功，两年之内净挣

老年人理财："三四三"模式最流行

什么是"三四三"模式

老年人投资组合最为流行的有"三四三"模式，就是 30% 投资股票基金高风险产品，40% 投资储蓄国债，其余 30% 用于应急储蓄。

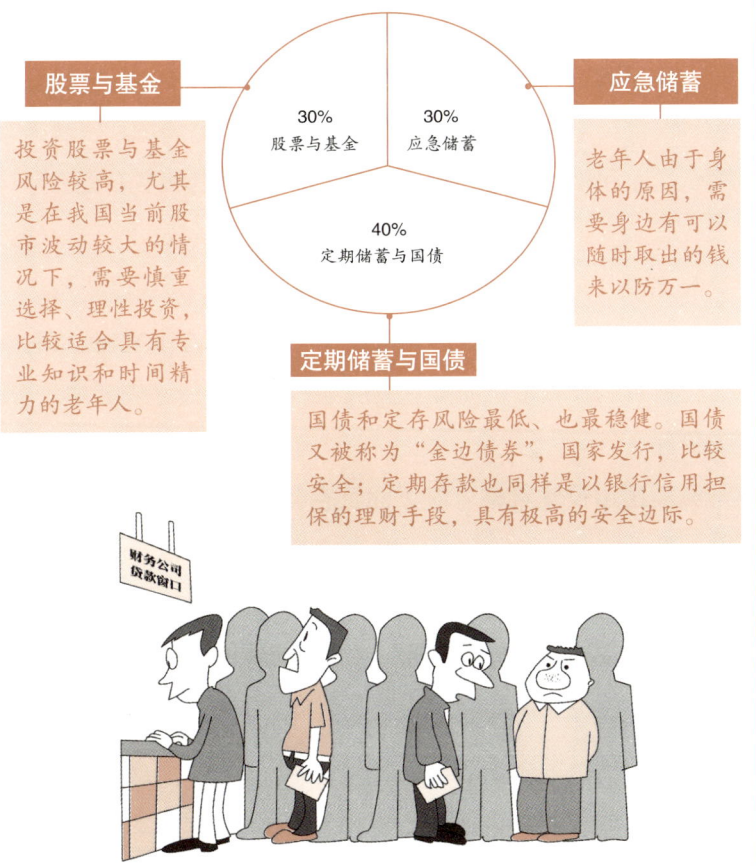

股票与基金

投资股票与基金风险较高，尤其是在我国当前股市波动较大的情况下，需要慎重选择、理性投资，比较适合具有专业知识和时间精力的老年人。

30%
股票与基金

30%
应急储蓄

40%
定期储蓄与国债

应急储蓄

老年人由于身体的原因，需要身边有可以随时取出的钱来以防万一。

定期储蓄与国债

国债和定存风险最低、也最稳健。国债又被称为"金边债券"，国家发行，比较安全；定期存款也同样是以银行信用担保的理财手段，具有极高的安全边际。

了 1 万元！当老朋友们知道这些后，心都痒痒了，直说老陈真是理财能人。

　　一般人在退休之后，由于一生工作累积下来，多少会有一些存款或退休金，但面对市场经济的变化、通货膨胀和各项支出的不断增加，退休家庭若希望生活更宽裕，同样也有"以钱生钱"的投资需要。

　　退休家庭的投资之道应当优先考虑投资安全，以稳妥收益为主。目前投资工具虽多，但并不是只要投资就有钱赚。客观来看，风险承受力和年龄成反比。退休家庭一生辛苦赚钱实在很不容易，如果投资一大笔金额，一旦损失，对老人的精神打击、对家庭的影响都比较大，所以要特别注意投资的安全性，不可乱投资。

　　如果你离退休已经不远，可以将大部分资金配置在稳定、可以产生所得的投资上，如配息的股票、基金、债券或定存，切忌好高骛远。

　　灵活运用投资策略。对于储蓄存款，当预测利率要走低时，则在存期上应存"长"些，以锁定你的存款在未来一定时间里的高利率空间；反之，当预测利率要走高时，则在存期上存短些，以尽可能减少届时在提前支取转存时导致的利息损失。除了存款外，退休家庭也应该灵活运用投资策略。如果各银行连续下调存款利率，这时只把钱定存是不够的，国债、利率较高的金融债券就应是退休家庭投资的主要投资工具。

　　投资股票要适可而止。买卖股票是一种风险投资，但也是

人闲钱不闲
你不理财财不理你

获取高收益的一个重要途径。所以，在身体条件较好、经济较宽裕，又有一定的时间和足够的精力，并具有金融投资理财知识和心理承受能力的前提下，退休老人不妨拿出一小部分钱来适度进行风险投资。

需注意的是，不可把家庭日常生活开支、借来的钱、医疗费、购房款、子女婚嫁等费用用于风险投资。如果用这些钱去投资，万一套牢，只有忍痛割爱低价卖出，损失很大。

退休家庭的投资组合比例上，退休时的净值金额亦为考量因素之一。若以退休年龄来决定，55 岁退休，股票投资比例可提高些；65 岁才退休，储蓄和国债的比例应占 85% 以上，股票投资比例可为 15%，这样不但是老年人可以接受的安全范围，也能使钱渐渐变多，并有助于老年人身心健康，不至于承受过大压力。

虽然说中国人比较忌讳谈论不好的事情，除非年纪老迈，很少人会在身强力壮时立下遗嘱，但是你知道吗？这样会造成不必要的损失，例如有人突然过世后，他的家人不知道他究竟有多少投资，甚至不知道有多少负债，这给家人今后的生活会留下许多不便。所以，负责家庭投资的人，一定要定时把自己的投资状况告诉家人，万一有什么突发情况发生，家人不至于无从着手。

【理财圣经】

为了让我们在年老时有个更加良好的生活保障，光靠存款是不够的，还要学会以钱生钱，灵活运用多种投资方法。

除了儿女，什么还可以防老

中国的传统观念是养儿防老，然而，随着现代社会的变化，传统渐渐被突破。随着"421家庭"的潮涌，希冀子女养老越来越不现实。何谓"421家庭"？即一对独生子女结婚生子后，他们的家庭结构是4个父母长辈、他们2人和1个小孩。这种倒金字塔结构，实在让"塔中央"的人不堪其重。

而且，现代社会，"啃老"已成普遍现象，暂不说责任的问题，在中国传统观念中，父母总是尽心尽力地为孩子付出，即使将他们抚养长大成人了，当他们婚嫁、置房、育儿时，父母还会在必要时帮他们一把。如今房价居高不下，许多小两口的婚房都是由双方父母来支付首付款的。粗略一算，在大中城市，一套两室一厅的房子动辄上百万元，首付款最低也得二三十万元，再加上结婚的彩礼、添丁时的喜费等财务上的支出，让退休生活又多了一些忧虑。

当养儿防老的思想已经渐行渐远的时候，我们还能拿什么防老？这是在我们年轻的时候就应该做好打算的。

人到老年所面临的保障需求主要是以下三类：健康医疗保障、充足的养老金保障、防止意外伤害保障。

首先，老年人属于社会的弱势群体，自身患病的可能性比其他群体的概率要大得多。也正因为如此，保险公司在审核有关中老年人的健康医疗投保时相对比较严格。在国家的社会医疗保障体系不够完善的情况下，必须要通过商业医疗保险来寻求更全面

人闲钱不闲
你不理财财不理你

老年人生活需规划

老年人也可以通过提前规划，让自己的老年生活更加惬意舒适。

理财规划

重视理财，让自己的财产稳健增值，根据老年人的特点，可以选择"长短搭配"的理财产品，以获得长期理财产品的高收益和短期理财产品的灵活性。

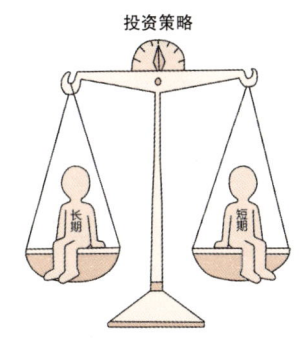

投资策略

我需要好好规划一下我的后几年的养老问题了！

养老规划
对老年夫妇而言，可每年拿出部分资金购买重大疾病险、健康险、意外险三种保险，以应对疾病等意外的重大开支。

遗产规划
做出合理的遗产规划，以确保自己的财产能顺利地转移到下一代人手中。

的健康保障，因此对未来老年保险保障的规划首先需要考虑的应该是健康医疗保险，如重大疾病保险、终身医疗保险等。对于医疗险的选择，应以保障期间长的产品作为首选，如平安守护一生终身医疗保险等。

其次，如何为老年准备充足的养老金？社会保险给我们提供了最基本的养老金，但我国实行的是"保而不包"的政策。要想退休后能尽享天年，年轻时就必须重点规划好未来的养老金。目前市场上应对养老的金融产品多种多样，但对养老金的规划必须是一种绝对安全、稳健的渠道，因而养老型保险是一种很好的途径。

根据上述分析的老年阶段的人生需求，为自己能有一个安详的晚年，做一份规划是非常必要的。

【理财圣经】

当养儿防老渐行渐远时，老年人别忘了还可以用养老保险防老。

老年人不得不知的理财五原则

老年人理财，既不可能像年轻人那样冒险博弈，也不能抱着毫不在意的态度，以为能挣点就挣点，挣不到也不必太上心。实际上，对于老年人来说，稳健的投资策略比较符合实际，但是太过保守也就谈不上是理财了。因此，理财应当坚持以下五个原则：

一、安全原则

对于老年人来说，钱财安全是理财的第一要领。先保本，再想着增值也不迟，毕竟那些钱都是多年积攒下的，是晚年的老本，所以，在理财的原则中，安全第一。

二、方便原则

理财时要考虑到取用时的方便。老年人容易生病，没准什么时候就需要用钱，所以为了取用方便，应当尽量在离家近的地方有一些活期存款，最好能有一张银行卡，可以供自己随时取用。

三、增值原则

老年人基本上没有什么其他的收入来源，所以若是能在投资理财的同时，让资产有所增值，就是上策。老年朋友可以利用比较安全的定期存款和国债来进行投资，既能保证资金的增加，又能保证稳妥。

四、专款专用原则

养老金的规划和打理必须专款专用，千万别在积累的过程中突然将这笔钱抽离，一定要让这些钱真正成为未来晚年生活的储备，到了一定的年龄之后才使用，而不是作为股票投资或其他有风险存在的投资行为的临时备用金。只有做到专款专用，养老金的储备才能在若干年后成效斐然。

五、适度消费原则

很多老年人因自己年轻的时候生活困苦，受到传统生活习惯的影响，从而十分节俭，除了攒钱，什么都不考虑，这样实际上并不好。老年人应当适度消费，积极改善自己的生活，尤其是投资自己的健康，提高生活质量。旧的观念并不能带给老人快乐幸福的晚年。既然有消费的条件，为什么还要让自己过得太艰苦？

鉴于老年人的身体和经济状况，最好只做一些风险较低的投资。理财专家也建议老年朋友们不要心急，理财应以稳妥的收益为主，风险大的品种最好不要考虑，切不可好高骛远，胡乱投资。

至于投资项目，专家认为，老年人最好偏向考虑存款、国债、货币型基金、银行理财产品等低风险品种，倘若真的对股市投资十分感兴趣，且身体和经济条件都允许，也可做小额的尝试。

【理财圣经】

投资理财应当遵循一定的原则，老年人理财也不例外。唯有遵循了这些原则，老年人的理财之路才会风险小、更安全。